中国知识产权统计年报

China Intellectual Property Statistical Yearbook 2018

国家知识产权局

知识产权出版社
全国百佳图书出版单位
—北京—

图书在版编目（CIP）数据

中国知识产权统计年报. 2018 / 国家知识产权局主办. —北京：知识产权出版社，2019.12

ISBN 978-7-5130-6595-5

Ⅰ. ①中… Ⅱ. ①国… Ⅲ. ①知识产权—统计资料—中国—2018—年报 Ⅳ. ①D923.4-66

中国版本图书馆CIP数据核字（2019）第247707号

内容提要

本年报由国家知识产权局主办，汇集了我国知识产权领域的年度统计数据，全面反映了我国知识产权领域每年的发展状况。本年报涵盖专利、商标、版权、集成电路布图设计、农业植物新品种、林业植物新品种、海关知识产权保护、知识产权司法保护等方面的内容。本书可供广大知识产权界业内人士、各级领导干部、企事业单位管理人员、科研人员、高等院校师生等参考阅读。

责任编辑：崔开丽　王小玲　　　　　　责任校对：谷　洋

封面设计：智兴设计室　　　　　　　　责任印制：刘译文

中国知识产权统计年报2018

Zhongguo Zhishichanquan Tongji Nianbao 2018

国家知识产权局

出版发行：知识产权出版社有限责任公司		网　　址：http://www.ipph.cn	
社　　址：北京市海淀区气象路50号院		邮　　编：100081	
责编电话：010-82000860 转 8377		责编邮箱：419916161@qq.com	
发行电话：010-82000860 转 8101/8102		发行传真：010-82000893/82005070/82000270	
印　　刷：北京嘉恒彩色印刷有限责任公司		经　　销：各大网上书店、新华书店及相关专业书店	
开　　本：889mm×1194mm　1/16		印　　张：9.25	
版　　次：2019 年 12 月第 1 版		印　　次：2019 年 12 月第 1 次印刷	
字　　数：300 千字		定　　价：60.00 元	

ISBN 978-7-5130-6595-5

目　　录

I　专　　利

II 商 标

III 版 权

IV　集成电路布图设计

V　农业植物新品种

VI　林业植物新品种

VII　海关知识产权保护

VIII　知识产权司法保护

I

专 利

一、专利申请与授权状况

表1 国内外三种专利申请年度状况（1985.4~2018.12） （单位：件）

Distribution of Annual Applications for Three Kinds of Patents Received from Home and Abroad（1985.4–2018.12） （unit：piece）

	年份 Year	合计 Total	发明 Invention	实用新型 Utility Model	外观设计 Design
合计 Total	1985~2013	13 116 641	4 334 586	4 635 503	4 146 552
	2014	2 361 243	928 177	868 511	564 555
	2015	2 798 500	1 101 864	1 127 577	569 059
	2016	3 464 824	1 338 503	1 475 977	650 344
	2017	3 697 845	1 381 594	1 687 593	628 658
	2018	4 323 112	1 542 002	2 072 311	708 799
国内 Domestic	1985~2013	11 665 997	3 090 576	4 600 853	3 974 568
	2014	2 210 616	801 135	861 053	548 428
	2015	2 639 446	968 251	1 119 714	551 481
	2016	3 305 225	1 204 981	1 468 295	631 949
	2017	3 536 333	1 245 709	1 679 807	610 817
	2018	4 146 772	1 393 815	2 063 860	689 097
国外 Foreign	1985~2013	1 450 644	1 244 010	34 650	171 984
	2014	150 627	127 042	7458	16 127
	2015	159 054	133 613	7863	17 578
	2016	159 599	133 522	7682	18 395
	2017	161 512	135 885	7786	17 841
	2018	176 340	148 187	8451	19 702

注：2016年及之前数据为专利申请受理量，2017年及2018年数据为专利申请量。

表2　国内三种专利申请量（2018.1~2018.12）　　（单位：件）

Distribution of Applications for Three Kinds of Patents

from Home（2018.1–2018.12）　　（unit：piece）

地区 Region	2018年 Year 2018		
	发明 Invention	实用新型 Utility Model	外观设计 Design
全国总计 Total	1 393 815	2 063 860	689 097
北京 Beijing	117 664	70 507	23 041
天津 Tianjin	26 661	66 535	5842
河北 Hebei	18 954	51 171	13 660
山西 Shanxi	9395	15 788	1923
内蒙古 Inner Mongolia	3757	11 051	1618
辽宁 Liaoning	25 476	34 534	5676
吉林 Jilin	10 530	14 520	1984
黑龙江 Heilongjiang	12 017	19 530	3035
上海 Shanghai	62 755	69 564	17 914
江苏 Jiangsu	198 801	294 090	107 415
浙江 Zhejiang	143 081	219 206	93 303
安徽 Anhui	108 782	86 914	11 732
福建 Fujian	37 252	96 220	33 138
江西 Jiangxi	14 519	49 843	21 639
山东 Shandong	72 764	135 461	23 360
河南 Henan	46 868	89 620	17 893
湖北 Hubei	50 664	62 754	11 117
湖南 Hunan	35 414	43 361	15 728

（续表　cont'd）

地区 Region	2018年 Year 2018		
	发明 Invention	实用新型 Utility Model	外观设计 Design
广东 Guangdong	216 469	367 938	209 412
广西 Guangxi	20 302	18 105	5817
海南 Hainan	2127	3355	969
重庆 Chongqing	22 686	40 958	8477
四川 Sichuan	53 805	73 167	26 015
贵州 Guizhou	14 992	25 577	3939
云南 Yunnan	9606	23 655	3254
西藏 Tibet	453	669	347
陕西 Shaanxi	30 888	35 241	10 383
甘肃 Gansu	6035	17 400	4447
青海 Qinghai	1287	2885	267
宁夏 Ningxia	2999	6403	458
新疆 Xinjiang	3665	9473	1509
台湾 Taiwan	11 458	6676	1743
香港 Hong Kong	1593	1553	1976
澳门 Macao	96	136	66
广州 Guangzhou	50 189	79 727	43 385
长春 Changchun	8405	10 442	1070
武汉 Wuhan	28 738	27 452	4321
南京 Nanjing	40 689	46 235	12 269
杭州 Hangzhou	36 608	45 016	16 912

（续表 cont'd）

地区 **Region**	2018年 **Year 2018**		
	发明 **Invention**	实用新型 **Utility Model**	外观设计 **Design**
西安 Xi'an	24 338	24 725	8072
济南 Jinan	13 632	19 001	2830
沈阳 Shenyang	10 152	11 786	1888
成都 Chengdu	37 927	44 075	16 942
大连 Dalian	9924	10 291	1390
厦门 Xiamen	7914	17 849	6507
哈尔滨 Harbin	9461	11 377	1545
深圳 Shenzhen	69 979	100 993	57 664
青岛 Qingdao	21 829	34 719	4446
宁波 Ningbo	25 524	29 251	18 179
新疆建设兵团 Xinjiang Bingtuan	514	1145	60

（续表 cont'd）

表3 国外三种专利申请量（2018.1~2018.12） （单位：件）

Distribution of Applications for Three Kinds of Patents from Abroad（2018.1–2018.12） （unit：piece）

国家和地区 Country and Region	2018年 Year 2018		
	发明 Invention	实用新型 Utility Model	外观设计 Design
合计 Total	148 187	8451	19 702
安道尔 Andorra	2	0	0
阿联酋 United Arab Emirates	23	9	6
阿富汗 Afghanistan	0	0	0
安提瓜和巴布达 Antigua and Barbuda	30	0	0
安圭拉 Anguilla	3	0	2
亚美尼亚 Armenia	2	0	0
安哥拉 Angola	1	0	0
阿根廷 Argentina	9	3	0
奥地利 Austria	1029	35	72
澳大利亚 Australia	700	75	321
巴巴多斯 Barbados	107	1	59
孟加拉国 Bangladesh	1	0	0
比利时 Belgium	831	41	107
保加利亚 Bulgaria	13	1	3
布隆迪 Burundi	1	0	0

（续表 cont'd）

国家和地区 **Country and Region**	2018年 **Year 2018**		
	发明 **Invention**	实用新型 **Utility Model**	外观设计 **Design**
百慕大群岛 Bermuda	95	8	2
巴西 Brazil	96	16	40
巴哈马 Bahamas	4	0	0
伯利兹 Belize	2	0	0
加拿大 Canada	1105	80	160
刚果民主共和国 Democratic Republic of the Congo	2	0	0
瑞士 Switzerland	3768	178	872
库克群岛 Cook Islands	0	0	1
智利 Chile	24	1	0
喀麦隆 Cameroon	1	0	0
哥伦比亚 Colombia	10	0	4
哥斯达黎加 Costa Rica	5	2	0
古巴 Cuba	2	0	0
塞浦路斯 Cyprus	30	1	17
捷克 Czech	59	8	74
德国 Germany	15 427	871	1810
丹麦 Denmark	935	28	194
多米尼加 Dominican	1	0	0

（续表 cont'd）

国家和地区 **Country and Region**	2018年 **Year 2018**		
	发明 **Invention**	实用新型 **Utility Model**	外观设计 **Design**
阿尔及利亚 Algeria	1	1	0
厄瓜多尔 Ecuador	0	1	0
爱沙尼亚 Estonia	9	4	4
埃及 Egypt	2	0	0
西班牙 Spain	405	31	143
芬兰 Finland	839	57	116
法国 France	4784	356	920
英国 U.K.	2836	134	724
格鲁吉亚 Georgia	0	0	3
根西岛 Guernsey	7	0	4
直布罗陀 Gibraltar	2	0	0
希腊 Greece	23	0	4
克罗地亚 Croatia	3	0	0
匈牙利 Hungary	40	0	5
印度尼西亚 Indonesia	7	0	14
爱尔兰 Ireland	391	18	25
以色列 Israel	977	43	114
印度 India	327	11	64

（续表 cont'd）

国家和地区 Country and Region	2018年 Year 2018		
	发明 Invention	实用新型 Utility Model	外观设计 Design
伊拉克 Iraq	0	0	7
伊朗 Iran	6	1	0
冰岛 Iceland	5	0	0
意大利 Italy	1827	122	713
泽西岛 Jersey Island	1	0	0
约旦 Jordan	0	4	3
日本 Japan	45 284	2345	4203
柬埔寨 Cambodia	1	0	0
圣基茨和尼维斯 Saint Kitts and Nevis	1	0	0
朝鲜 D.P.R.K.	1	1	0
韩国 Korea	13 875	927	2481
开曼群岛 Cayman Islands	4442	128	441
哈萨克斯坦 Kazakhstan	3	0	0
老挝 Laos	0	1	0
黎巴嫩 Lebanon	2	1	1
列支敦士登 Liechtenstein	144	0	30
斯里兰卡 Sri Lanka	1	0	1
立陶宛 Lithuania	5	0	1

（续表 cont'd）

国家和地区 **Country and Region**	2018年 **Year 2018**		
	发明 **Invention**	实用新型 **Utility Model**	外观设计 **Design**
卢森堡 Luxembourg	293	15	80
拉脱维亚 Latvia	3	0	2
摩洛哥 Morocco	1	0	1
摩纳哥 Monaco	4	0	4
马里 Mali	5	2	2
缅甸 Myanmar	0	0	10
蒙古 Mongolia	0	0	1
马耳他 Malta	30	0	7
毛里求斯 Mauritius	5	0	0
墨西哥 Mexico	55	4	19
马来西亚 Malaysia	66	12	43
荷兰 Netherlands	3412	113	317
挪威 Norway	279	10	35
尼泊尔 Nepal	0	0	2
新西兰 New Zealand	146	1	103
阿曼 Oman	0	1	1
秘鲁 Peru	3	0	0
菲律宾 Philippines	9	7	0

（续表 cont'd）

国家和地区 **Country and Region**	2018年 **Year 2018**		
	发明 **Invention**	实用新型 **Utility Model**	外观设计 **Design**
巴基斯坦 Pakistan	0	0	4
波兰 Poland	90	8	16
波多黎各 Puerto Rico	1	0	0
葡萄牙 Portugal	50	2	5
卡塔尔 Qatar	4	0	0
罗马尼亚 Romania	5	0	0
塞尔维亚 Serbia	6	0	0
俄罗斯 Russia	195	37	29
沙特阿拉伯 Saudi Arabia	164	1	13
塞舌尔 Seychelles	24	14	0
瑞典 Sweden	2090	57	310
新加坡 Singapore	1372	736	169
斯洛文尼亚 Slovenia	17	1	17
斯洛伐克 Slovakia	15	0	5
圣马力诺 San Marino	5	0	0
叙利亚 Syria	1	0	0
泰国 Thailand	92	14	71
突尼斯 Tunisia	1	0	0

（续表 cont'd）

国家和地区	2018年 Year 2018		
Country and Region	发明 Invention	实用新型 Utility Model	外观设计 Design
土耳其 Turkey	108	5	30
特立尼达和多巴哥 Trinidad and Tobago	0	0	2
乌克兰 Ukraine	14	3	3
美国 U.S.A.	38 859	1833	4557
乌拉圭 Uruguay	6	1	0
乌兹别克斯坦 Uzbekistan	0	0	1
英属维尔京群岛 British Virgin Islands	92	16	37
越南 Vietnam	3	2	22
瓦努阿图 Vanuatu	1	0	0
萨摩亚 Samoa	34	8	3
也门 Yemen	0	1	1
南非 South Africa	57	3	15
赞比亚 Zambia	1	0	0

中国知识产权统计年报2018

China Intellectual Property Statistical Yearbook 2018

表4 国内外三种专利申请授权年度状况（1985.12~2018.12）（单位：件）

Distribution of Annual Grants for Three Kinds of Patents Received from
Home and Abroad（1985.12–2018.12） （unit：piece）

	年份 Year	合计 Total	发明 Invention	实用新型 Utility Model	外观设计 Design
合计 Total	1985~2013	7 426 734	1 318 661	3 385 342	2 722 731
	2014	1 302 687	233 228	707 883	361 576
	2015	1 718 192	359 316	876 217	482 659
	2016	1 753 763	404 208	903 420	446 135
	2017	1 836 434	420 144	973 294	442 996
	2018	2 447 460	432 147	1 479 062	536 251
国内 Domestic	1985~2013	6 657 817	735 738	3 357 057	2 565 022
	2014	1 209 402	162 680	699 971	346 751
	2015	1 596 977	263 436	868 734	464 807
	2016	1 628 881	302 136	897 035	429 710
	2017	1 720 828	326 970	967 416	426 442
	2018	2 335 411	345 959	1 471 759	517 693
国外 Foreign	1985~2013	768 917	582 923	28 285	157 709
	2014	93 285	70 548	7912	14 825
	2015	121 215	95 880	7483	17 852
	2016	124 882	102 072	6385	16 425
	2017	115 606	93 174	5878	16 554
	2018	112 049	86 188	7303	18 558

表5 国内三种专利申请授权量（1985.12~2018.12） （单位：件）
Distribution of Grants for Three Kinds of Patents Received
from Home（1985.12–2018.12） （unit：piece）

地区 Region	总累计 Accumulated Number			2018年 Year 2018		
	发明 Invention	实用新型 Utility Model	外观设计 Design	发明 Invention	实用新型 Utility Model	外观设计 Design
全国合计 Total	2 137 044	8 262 424	4 752 003	345 959	1 471 759	517 693
北京 Beijing	300 444	425 039	116 846	46 978	59 219	17 299
天津 Tianjin	43 660	235 233	39 531	5626	44 683	4371
河北 Hebei	31 124	190 918	61 107	5126	36 210	10 558
山西 Shanxi	18 973	68 456	14 693	2284	11 258	1518
内蒙古 Inner Mongolia	6720	38 491	11 120	864	7530	1231
辽宁 Liaoning	56 464	219 226	38 350	7176	24 088	3885
吉林 Jilin	21 349	67 992	14 578	2868	9493	1524
黑龙江 Heilongjiang	33 329	127 669	35 235	4309	13 066	2060
上海 Shanghai	152 207	372 958	188 642	21 331	55 581	15 548
江苏 Jiangsu	248 985	1 048 643	1 034 697	42 019	200 333	64 644
浙江 Zhejiang	178 188	1 047 808	863 750	32 550	172 451	79 620
安徽 Anhui	72 309	319 628	90 259	14 846	55 445	9456
福建 Fujian	47 032	295 765	173 501	9858	67 822	24 942
江西 Jiangxi	13 987	121 569	69 575	2524	34 796	15 499

（续表 cont'd）

地区 Region	总累计 Accumulated Number			2018年 Year 2018		
	发明 Invention	实用新型 Utility Model	外观设计 Design	发明 Invention	实用新型 Utility Model	外观设计 Design
山东 Shandong	124 204	672 352	151 728	20 338	94 249	17 795
河南 Henan	47 012	291 729	86 522	8339	59 417	14 562
湖北 Hubei	64 265	243 039	61 975	11 393	44 350	8363
湖南 Hunan	52 348	188 338	80 678	8261	29 132	11 564
广东 Guangdong	299 035	1 134 034	1 084 678	53 259	268 508	156 315
广西 Guangxi	24 934	67 221	26 282	4330	12 069	4152
海南 Hainan	3739	10 011	5501	489	2052	751
重庆 Chongqing	34 533	191 413	73 696	6570	31 261	7857
四川 Sichuan	70 018	286 236	210 835	11 697	53 121	22 554
贵州 Guizhou	12 713	60 663	28 232	2081	13 980	3395
云南 Yunnan	17 457	70 648	21 811	2297	15 573	2470
西藏 Tibet	435	1220	1340	73	384	298
陕西 Shaanxi	55 864	152 278	68 248	8884	24 205	8390
甘肃 Gansu	9909	45 923	10 869	1280	10 696	1982
青海 Qinghai	1697	7166	2630	298	2143	227
宁夏 Ningxia	3571	17 031	3841	744	4489	425
新疆 Xinjiang	6800	46 744	13 426	923	7375	1360
台湾 Taiwan	77 801	184 463	37 971	5828	5652	1455

（续表 cont'd）

地区 Region	总累计 Accumulated Number			2018年 Year 2018		
	发明 Invention	实用新型 Utility Model	外观设计 Design	发明 Invention	实用新型 Utility Model	外观设计 Design
香港 Hong Kong	5795	12 188	29 348	496	1073	1573
澳门 Macao	143	332	508	20	55	50
广州 Guangzhou	58 468	199 839	160 934	10 797	51 400	27 729
长春 Changchun	16 273	37 841	7023	2416	7027	826
武汉 Wuhan	50 268	126 618	26 408	8807	20 238	3352
南京 Nanjing	65 812	129 080	47 350	11 094	26 828	6252
杭州 Hangzhou	68 695	208 902	128 132	10 293	30 923	14 271
西安 Xi'an	48 917	110 220	48 802	8096	17 414	6578
济南 Jinan	30 505	107 822	15 895	4889	13 563	2233
沈阳 Shenyang	23 194	70 307	14 841	2943	8363	1276
成都 Chengdu	48 214	172 810	159 517	8314	32 925	16 192
大连 Dalian	18 947	61 899	8905	2614	7021	921
厦门 Xiamen	13 155	64 508	34 656	2216	13 887	5311
哈尔滨 Harbin	27 297	65 654	16 979	3635	7379	1071
深圳 Shenzhen	151 721	327 827	232 831	21 323	75 560	43 368
青岛 Qingdao	34 658	121 056	32 115	6498	25 218	3405
宁波 Ningbo	33 860	195 172	213 971	5302	23 428	16 047
新疆建设兵团 Xinjiang Bingtuan	998	5356	459	146	1120	55

表6 国外三种专利申请授权量（1985.12~2018.12） （单位：件）

Distribution of Grants for Three Kinds of Patents Received

from Abroad（1985.12–2018.12） （unit：piece）

国家和地区 Country and Region	总累计 Accumulated Number			2018年 Year 2018		
	发明 Invention	实用新型 Utility Model	外观设计 Design	发明 Invention	实用新型 Utility Model	外观设计 Design
安道尔 Andorra	5	1	2	0	0	0
阿联酋 United Arab Emirates	63	26	189	19	7	11
阿富汗 Afghanistan	0	0	12	0	0	2
安提瓜和巴布达 Antigua and Barbuda	4	0	3	0	0	0
安圭拉 Anguilla	0	2	0	0	0	0
阿尔巴尼亚 Albania	0	1	1	0	0	0
亚美尼亚 Armenia	4	0	1	0	0	0
荷属安的列斯群岛 Netherlands Antilles	215	1	9	1	0	0
安哥拉 Angola	0	0	1	0	0	0
阿根廷 Argentina	50	12	19	8	1	1
美属萨摩亚 American Samoa	1	1	0	0	0	0
奥地利 Austria	5895	307	950	629	29	81
澳大利亚 Australia	5541	578	3040	306	48	260
阿塞拜疆 Azerbaijan	2	1	0	0	0	0
波斯尼亚和黑塞哥维那 Bosnia and Herzegovina	0	0	1	0	0	0
巴巴多斯 Barbados	776	15	181	120	3	66
孟加拉国 Bangladesh	0	1	4	0	0	1
比利时 Belgium	5153	170	853	379	22	103

（续表 cont'd）

国家和地区 Country and Region	总累计 Accumulated Number			2018年 Year 2018		
	发明 Invention	实用新型 Utility Model	外观设计 Design	发明 Invention	实用新型 Utility Model	外观设计 Design
保加利亚 Bulgaria	40	8	29	5	3	2
巴林岛 Bahrain	1	0	0	0	0	0
贝宁 Benin	0	0	1	0	0	0
百慕大群岛 Bermuda	568	108	104	114	2	0
文莱 Brunei	28	37	28	0	4	0
巴西 Brazil	769	115	487	44	15	19
巴哈马 Bahamas	141	19	48	9	0	0
白俄罗斯 Belarus	8	0	6	0	0	0
伯利兹 Belize	9	57	12	4	1	0
加拿大 Canada	7922	542	1666	621	72	135
刚果民主共和国 Democratic Republic of the Congo	0	1	13	0	1	0
中非 Central African	0	0	2	0	0	0
瑞士 Switzerland	27 052	1491	8967	1897	137	887
科特迪瓦 Cote d'lvoire	0	0	1	0	0	0
库克群岛 Cook Islands	5	2	19	1	1	3
智利 Chile	89	6	4	13	0	0
喀麦隆 Cameroon	1	0	0	0	0	0
哥伦比亚 Colombia	33	3	21	4	0	4
哥斯达黎加 Costa Rica	4	0	1	2	0	0
古巴 Cuba	108	0	2	4	0	0

（续表 cont'd）

国家和地区 Country and Region	总累计 Accumulated Number			2018年 Year 2018		
	发明 Invention	实用新型 Utility Model	外观设计 Design	发明 Invention	实用新型 Utility Model	外观设计 Design
库拉索 Curacao	1	0	0	1	0	0
塞浦路斯 Cyprus	152	24	78	8	4	12
捷克 Czech	233	100	881	33	12	84
德国 Germany	104 080	5729	20 624	9664	737	1692
丹麦 Denmark	6031	285	2098	431	22	138
多米尼加 Dominican	5	3	4	0	0	0
阿尔及利亚 Algeria	3	2	3	1	0	1
厄瓜多尔 Ecuador	4	1	6	1	0	1
爱沙尼亚 Estonia	21	4	28	2	1	5
埃及 Egypt	9	8	21	1	0	0
西班牙 Spain	2272	264	2110	181	22	177
埃塞俄比亚 Ethiopia	0	1	1	0	0	0
芬兰 Finland	10 052	522	1912	695	68	117
斐济 Fiji	0	8	1	0	0	0
福克兰群岛（马尔维纳斯群岛） Falkland Islands	0	0	1	0	0	0
法国 France	38 142	1996	9915	2851	298	767
加蓬 Gabon	2	0	0	0	0	0
英国 U.K.	17 023	1017	7039	1333	87	821
格鲁吉亚 Georgia	2	1	9	0	0	2
根西岛 Guernsey	2	0	3	2	0	3

（续表 cont'd）

国家和地区 Country and Region	总累计 Accumulated Number			2018年 Year 2018		
	发明 Invention	实用新型 Utility Model	外观设计 Design	发明 Invention	实用新型 Utility Model	外观设计 Design
直布罗陀 Gibraltar	25	2	4	1	1	0
希腊 Greece	142	3	74	17	1	3
危地马拉 Guatemala	0	0	6	0	0	0
洪都拉斯 Honduras	0	0	1	0	0	0
克罗地亚 Croatia	59	5	6	2	0	0
海地 Haiti	0	0	1	0	0	0
匈牙利 Hungary	434	21	39	17	2	11
印度尼西亚 Indonesia	37	19	159	2	0	19
爱尔兰 Ireland	1388	72	247	135	15	27
以色列 Israel	3358	286	791	386	32	91
印度 India	1424	73	455	102	9	57
伊拉克 Iraq	0	3	11	0	0	7
伊朗 Iran	5	13	36	0	1	0
冰岛 Iceland	150	1	1	2	0	0
意大利 Italy	12 956	924	8115	947	131	608
泽西岛 Jersey Island	6	0	0	1	0	0
牙买加 Jamaica	3	0	0	0	0	0
约旦 Jordan	7	5	11	1	0	2
日本 Japan	395 620	21 918	77 776	28 094	2138	4024
肯尼亚 Kenya	1	0	1	0	0	0

（续表 cont'd）

国家和地区 Country and Region	总累计 Accumulated Number			2018年 Year 2018		
	发明 Invention	实用新型 Utility Model	外观设计 Design	发明 Invention	实用新型 Utility Model	外观设计 Design
吉尔吉斯斯坦 Kyrgyzstan	4	0	1	0	0	1
圣基茨和尼维斯 Saint Kitts and Nevis	1	1	0	0	0	0
朝鲜 D.P.R.K.	11	4	0	0	0	0
韩国 Korea	81 191	4990	25 885	8623	806	2386
科威特 Kuwait	6	0	4	0	0	0
开曼群岛 Cayman Islands	2881	414	1854	776	79	292
哈萨克斯坦 Kazakhstan	15	8	0	0	0	0
黎巴嫩 Lebanon	7	8	8	0	0	1
列支敦士登 Liechtenstein	928	14	657	78	1	38
斯里兰卡 Sri Lanka	7	2	25	0	0	1
利比里亚 Liberia	2	0	1	0	0	0
莱索托 Lesotho	0	1	0	0	0	0
立陶宛 Lithuania	5	2	11	2	1	2
卢森堡 Luxembourg	1293	136	576	166	12	85
拉脱维亚 Latvia	32	4	11	3	1	0
摩洛哥 Morocco	8	2	44	0	0	1
摩纳哥 Monaco	71	9	21	3	0	0
摩尔多瓦 Moldova	1	0	1	0	0	0
黑山 Montenegro	0	0	1	0	0	1
马达加斯加 Madagascar	3	0	0	1	0	0

（续表 cont'd）

（续表 cont'd）

国家和地区 Country and Region	总累计 Accumulated Number			2018年 Year 2018		
	发明 Invention	实用新型 Utility Model	外观设计 Design	发明 Invention	实用新型 Utility Model	外观设计 Design
马绍尔群岛 Marshall Islands	6	3	0	1	0	0
马其顿* Macedonia	2	0	0	1	0	0
马里 Mali	5	10	14	1	2	4
缅甸 Myanmar	0	0	7	0	0	2
蒙古 Mongolia	5	3	1	0	1	0
马耳他 Malta	116	9	20	10	0	8
毛里求斯 Mauritius	71	28	44	1	0	0
马尔代夫 Maldives	1	0	0	0	0	0
墨西哥 Mexico	268	13	232	22	1	17
马来西亚 Malaysia	400	184	637	28	12	31
纳米比亚 Namibia	2	0	0	0	0	0
尼日利亚 Nigeria	0	2	16	0	0	2
荷兰 Netherlands	29 579	640	5098	1924	87	355
挪威 Norway	2166	42	384	145	1	27
尼泊尔 Nepal	0	2	2	0	0	1
新西兰 New Zealand	830	89	471	98	10	73
阿曼 Oman	2	1	1	0	1	1
巴拿马 Panama	229	9	42	0	0	0
秘鲁 Peru	4	2	0	1	0	0

*编者注：2019年2月12日，北马其顿政府宣布正式更改国名"马其顿共和国"为"北马其顿共和国"，由于本书列明的是2018年的数据，故该书采用"马其顿共和国"，简称马其顿。

（续表 cont'd）

国家和地区 Country and Region	总累计 Accumulated Number			2018年 Year 2018		
	发明 Invention	实用新型 Utility Model	外观设计 Design	发明 Invention	实用新型 Utility Model	外观设计 Design
巴布亚新几内亚 Papua New Guinea	0	0	2	0	0	0
菲律宾 Philippines	43	39	34	5	8	1
巴基斯坦 Pakistan	3	3	21	0	0	6
波兰 Poland	279	29	191	25	6	22
波多黎各 Puerto Rico	7	1	4	1	0	0
葡萄牙 Portugal	141	3	81	22	0	6
巴拉圭 Paraguay	0	0	3	0	0	0
卡塔尔 Qatar	10	0	6	1	0	0
罗马尼亚 Romania	15	2	8	1	0	1
塞尔维亚 Serbia	7	1	0	0	0	0
俄罗斯 Russia	1042	280	320	74	20	45
沙特阿拉伯 Saudi Arabia	531	13	467	103	2	25
塞舌尔 Seychelles	69	46	38	9	5	0
瑞典 Sweden	17 245	536	3627	1301	54	357
新加坡 Singapore	3217	1341	1435	523	522	178
斯洛文尼亚 Slovenia	193	2	79	10	1	17
斯洛伐克 Slovakia	47	3	51	5	0	6
圣马力诺 San Marino	6	3	2	1	0	0
塞内加尔 Senegal	0	0	1	0	0	0

（续表 cont'd）

（续表 cont'd）

国家和地区 Country and Region	总累计 Accumulated Number			2018年 Year 2018		
	发明 Invention	实用新型 Utility Model	外观设计 Design	发明 Invention	实用新型 Utility Model	外观设计 Design
萨尔瓦多 El Salvador	2	0	0	0	0	0
叙利亚 Syria	1	1	3	0	0	0
斯威士兰 Swaziland	1	0	0	0	0	0
特克斯和凯科斯群岛 Turks and Caicos Islands	0	0	1	0	0	0
乍得 Chad	0	1	0	0	0	0
泰国 Thailand	124	104	390	13	14	36
突尼斯 Tunisia	4	0	2	0	0	0
土耳其 Turkey	435	78	485	53	4	11
特立尼达和多巴哥 Trinidad and Tobago	3	0	4	0	0	2
坦桑尼亚 Tanzania	0	1	1	0	0	0
乌克兰 Ukraine	69	23	29	5	2	7
乌干达 Uganda	0	0	2	0	0	0
美国 U.S.A.	236 635	15 917	45 388	22 915	1688	4155
乌拉圭 Uruguay	15	2	1	2	1	0
乌兹别克斯坦 Uzbekistan	5	1	0	0	0	0
圣文森特和格林纳丁斯 StVincent and the Grenadines	9	0	0	0	0	0
委内瑞拉 Venezuela	42	0	8	0	0	0
英属维尔京群岛 British Virgin Islands	1325	633	1483	90	15	53
越南 Vietnam	13	4	123	2	0	38
瓦努阿图 Vanuatu	5	0	0	0	0	0
萨摩亚 Samoa	45	130	57	12	13	3

（续表 cont'd）

国家和地区 **Country and Region**	总累计 **Accumulated Number**			2018年 **Year 2018**		
	发明 **Invention**	实用新型 **Utility Model**	外观设计 **Design**	发明 **Invention**	实用新型 **Utility Model**	外观设计 **Design**
也门 Yemen	0	1	10	0	1	1
南斯拉夫 Yugoslavia	17	0	7	0	0	0
南非 South Africa	737	36	147	39	5	15
赞比亚 Zambia	1	1	0	1	0	0
津巴布韦 Zimbabwe	3	0	1	0	0	0

（续表 cont'd）

表7 国内外三种专利有效状况（2018.12）　（单位：件）

Distribution of Patents in Force for Three Kinds Received from
Home and Abroad（2018.12）　（unit：piece）

	年份 Year	合计 Total	发明 Invention	实用新型 Utility Model	外观设计 Design
合计 Total	2014	4 642 506	1 196 497	2 291 326	1 154 683
	2015	5 477 625	1 472 374	2 732 554	1 272 697
	2016	6 285 238	1 772 203	3 154 485	1 358 550
	2017	7 147 608	2 085 367	3 603 187	1 459 054
	2018	8 380 588	2 366 314	4 403 658	1 610 616
国内 Domestic	2014	4 032 362	708 690	2 265 224	1 058 448
	2015	4 792 356	921 757	2 700 833	1 169 766
	2016	5 527 183	1 158 203	3 118 410	1 250 570
	2017	6 324 215	1 413 911	3 563 389	1 346 915
	2018	7 517 791	1 662 269	4 359 926	1 495 596
国外 Foreign	2014	610 144	487 807	26 102	96 235
	2015	685 269	550 617	31 721	102 931
	2016	758 055	614 000	36 075	107 980
	2017	823 393	671 456	39 798	112 139
	2018	862 797	704 045	43 732	115 020

★有效量：报告期末处于专利权维持状态的案卷数量。统计范围为：发明、实用新型、外观设计。与申请量和授权量不同，有效量是存量数据而非流量数据。

表8　国内三种专利有效量（2018.12）　　　　　（单位：件）

Distribution of Patents in Force for Three Kinds Received from Home（2018.12）

（unit：piece）

地区 Region	2018年 Year 2018			
	合计 Total	发明 Invention	实用新型 Utility Model	外观设计 Design
全国总计 Total	7 517 791	1 662 269	4 359 926	1 495 596
北京 Beijing	569 929	241 282	263 909	64 738
天津 Tianjin	168 879	32 066	123 971	12 842
河北 Hebei	159 964	24 939	103 668	31 357
山西 Shanxi	52 849	12 983	34 782	5 084
内蒙古 Inner Mongolia	29 496	5076	20 238	4182
辽宁 Liaoning	130 112	37 505	80 515	12 092
吉林 Jilin	46 224	13 071	27 651	5502
黑龙江 Heilongjiang	68 588	22 252	39 603	6733
上海 Shanghai	383 928	114 967	214 787	54 174
江苏 Jiangsu	954 415	212 394	589 946	152 075
浙江 Zhejiang	901 447	133 605	513 682	254 160
安徽 Anhui	256 482	61 475	165 100	29 907
福建 Fujian	278 470	38 522	169 102	70 846
江西 Jiangxi	119 286	11 015	74 620	33 651
山东 Shandong	410 240	87 362	265 999	56 879

（续表 cont'd）

地区 Region	2018年 Year 2018			
	合计 Total	发 明 Invention	实用新型 Utility Model	外观设计 Design
河南 Henan	215 598	33 524	146 704	35 370
湖北 Hubei	202 961	48 644	129 562	24 755
湖南 Hunan	165 460	40 684	93 061	31 715
广东 Guangdong	1 473 835	248 539	771 546	453 750
广西 Guangxi	65 627	20 986	33 569	11 072
海南 Hainan	10 277	2655	5638	1984
重庆 Chongqing	140 064	27 932	88 577	23 555
四川 Sichuan	259 008	52 074	150 270	56 664
贵州 Guizhou	55 444	10 099	36 698	8647
云南 Yunnan	62 470	12 194	42 267	8009
西藏 Tibet	2027	600	835	592
陕西 Shaanxi	127 921	39 329	70 913	17 679
甘肃 Gansu	34 903	6879	23 770	4254
青海 Qinghai	6958	1402	4677	879
宁夏 Ningxia	14 032	2820	10 226	986
新疆 Xinjiang	31 853	5028	21 388	5437
台湾 Taiwan	102 146	55 765	38 095	8286
香港 Hong Kong	16 262	4491	4371	7400

（续表 cont'd）

地区 Region	2018年 Year 2018			
	合计 Total	发 明 Invention	实用新型 Utility Model	外观设计 Design
澳门 Macao	636	110	186	340
广州 Guangzhou	264 512	48 380	141 882	74 250
长春 Changchun	33 334	10 100	19 946	3288
武汉 Wuhan	114 833	37 032	66 682	11 119
南京 Nanjing	147 120	49 812	81 760	15 548
杭州 Hangzhou	201 861	51 306	107 471	43 084
西安 Xi'an	102 009	35 383	53 465	13 161
济南 Jinan	72 566	21 179	43 698	7689
沈阳 Shenyang	45 962	15 038	26 591	4333
成都 Chengdu	163 311	35 856	91 106	36 349
大连 Dalian	38 343	13 009	22 431	2903
厦门 Xiamen	72 913	11 320	44 456	17 137
哈尔滨 Harbin	45 872	18 512	23 862	3498
深圳 Shenzhen	463 511	119 023	223 486	121 002
青岛 Qingdao	104 358	26 270	64 454	13 634
宁波 Ningbo	168 502	23 910	86 706	57 886
新疆建设兵团 Xinjiang Bingtuan	3864	747	2846	271

（续表 cont'd）

表9　国外三种专利有效量（2018.12）　　　（单位：件）
Distribution of Patents in Force for Three Kinds Received from Abroad（2018.12）
（unit：piece）

国家和地区 Country and Region	2018年 Year 2018			
	合计 Total	发明 Invention	实用新型 Utility Model	外观设计 Design
合计 Total	862 797	704 045	43 732	115 020
安道尔 Andorra	8	6	1	1
阿联酋 United Arab Emirates	162	73	20	69
阿富汗 Afghanistan	2	0	0	2
安提瓜和巴布达 Antigua and Barbuda	0	0	0	0
安圭拉 Anguilla	3	2	1	0
阿尔巴尼亚 Albania	2	0	1	1
亚美尼亚 Armenia	3	2	0	1
荷属安的列斯群岛 Netherlands Antilles	28	28	0	0
阿根廷 Argentina	47	36	4	7
美属萨摩亚 American Samoa	4	1	2	1
奥地利 Austria	5062	4381	220	461
澳大利亚 Australia	4370	2791	282	1297
阿塞拜疆 Azerbaijan	1	0	1	0
巴巴多斯 Barbados	996	774	21	201
孟加拉国 Bangladesh	1	0	0	1

（续表 cont'd）

国家和地区 **Country and Region**	2018年 **Year 2018**			
	合计 **Total**	发明 **Invention**	实用新型 **Utility Model**	外观设计 **Design**
比利时 Belgium	4261	3678	137	446
保加利亚 Bulgaria	42	26	6	10
百慕大群岛 Bermuda	518	398	44	76
文莱 Brunei	12	5	7	0
巴西 Brazil	726	452	76	198
巴哈马 Bahamas	89	81	1	7
伯利兹 Belize	41	11	21	9
加拿大 Canada	6377	5223	263	891
刚果民主共和国 Democratic Republic of the Congo	14	0	1	13
瑞士 Switzerland	24 549	18 433	1297	4819
科特迪瓦 Cote d'Ivoire	1	0	0	1
库克群岛 Cook Islands	17	3	2	12
智利 Chile	69	67	1	1
哥伦比亚 Colombia	32	18	2	12
哥斯达黎加 Costa Rica	4	3	0	1
古巴 Cuba	68	68	0	0
库拉索 Curacao	2	2	0	0
塞浦路斯 Cyprus	132	84	6	42

（续表 cont'd）

（续表 cont'd）

国家和地区 Country and Region	2018年 Year 2018			
	合计 Total	发明 Invention	实用新型 Utility Model	外观设计 Design
捷克 Czech	656	164	51	441
德国 Germany	89 309	73 166	4428	11 715
丹麦 Denmark	5280	4094	185	1001
多米尼加 Dominican	6	1	1	4
阿尔及利亚 Algeria	6	3	0	3
厄瓜多尔 Ecuador	6	3	0	3
爱沙尼亚 Estonia	32	14	1	17
埃及 Egypt	9	5	2	2
西班牙 Spain	2371	1380	118	873
埃塞俄比亚 Ethiopia	1	0	0	1
芬兰 Finland	7499	6504	396	599
法国 France	31 263	24 928	1562	4773
英国 U.K.	14 734	10 332	663	3739
格鲁吉亚 Georgia	5	1	1	3
根西岛 Guernsey	5	2	0	3
直布罗陀 Gibraltar	26	21	2	3
希腊 Greece	150	97	2	51
克罗地亚 Croatia	10	8	1	1

（续表 cont'd）

国家和地区 Country and Region	2018年 Year 2018			
	合计 Total	发明 Invention	实用新型 Utility Model	外观设计 Design
匈牙利 Hungary	186	154	12	20
印度尼西亚 Indonesia	77	22	7	48
爱尔兰 Ireland	1645	1512	42	91
以色列 Israel	3023	2379	200	444
马恩岛 Isle of Man	1	1	0	0
印度 India	1168	950	48	170
伊拉克 Iraq	11	0	2	9
伊朗 Iran	17	2	10	5
冰岛 Iceland	72	70	1	1
意大利 Italy	12 828	8607	605	3616
泽西岛 Jersey Island	3	3	0	0
牙买加 Jamaica	2	2	0	0
约旦 Jordan	9	5	2	2
日本 Japan	311 582	264 177	15 538	31 867
吉尔吉斯斯坦 Kyrgyzstan	2	1	0	1
圣基茨和尼维斯 Saint Kitts and Nevis	1	1	0	0
朝鲜 D.P.R.K.	5	3	2	0
韩国 Korea	73 973	56 443	3136	14 394

（续表 cont'd）

国家和地区 Country and Region	2018年 Year 2018			
	合计 Total	发明 Invention	实用新型 Utility Model	外观设计 Design
科威特 Kuwait	2	1	0	1
开曼群岛 Cayman Islands	6387	4488	292	1607
哈萨克斯坦 Kazakhstan	10	8	2	0
黎巴嫩 Lebanon	9	3	1	5
圣卢西亚 Saint Lucia	1	1	0	0
列支敦士登 Liechtenstein	813	604	10	199
斯里兰卡 Sri Lanka	5	3	0	2
立陶宛 Lithuania	11	4	3	4
卢森堡 Luxembourg	1807	1311	83	413
拉脱维亚 Latvia	22	17	2	3
摩洛哥 Morocco	37	8	0	29
摩纳哥 Monaco	30	24	2	4
摩尔多瓦 Moldova	1	0	0	1
黑山 Montenegro	1	0	0	1
马达加斯加 Madagascar	1	1	0	0
马绍尔群岛 Marshall Islands	6	5	1	0
马其顿 Macedonia	2	2	0	0
马里 Mali	20	2	7	11

（续表 cont'd）

国家和地区 Country and Region	2018年 Year 2018			
	合计 Total	发明 Invention	实用新型 Utility Model	外观设计 Design
缅甸 Myanmar	22	2	9	11
蒙古 Mongolia	1	0	1	0
马耳他 Malta	134	109	8	17
毛里求斯 Mauritius	116	107	2	7
墨西哥 Mexico	432	302	9	121
马来西亚 Malaysia	615	274	121	220
纳米比亚 Namibia	1	1	0	0
尼日利亚 Nigeria	7	0	0	7
荷兰 Netherlands	20 522	17 854	470	2198
挪威 Norway	1441	1242	24	175
尼泊尔 Nepal	1	0	0	1
新西兰 New Zealand	884	538	54	292
阿曼 Oman	3	1	1	1
巴拿马 Panama	71	57	2	12
秘鲁 Peru	4	3	1	0
菲律宾 Philippines	93	60	19	14
巴基斯坦 Pakistan	14	1	3	10
波兰 Poland	325	201	20	104

（续表 cont'd）

（续表 cont'd）

国家和地区 Country and Region	2018年 Year 2018			
	合计 Total	发明 Invention	实用新型 Utility Model	外观设计 Design
波多黎各 Puerto Rico	8	7	0	1
葡萄牙 Portugal	132	95	1	36
巴拉圭 Paraguay	2	0	0	2
卡塔尔 Qatar	15	11	0	4
罗马尼亚 Romania	6	5	0	1
塞尔维亚 Serbia	5	5	0	0
俄罗斯 Russia	757	488	128	141
沙特阿拉伯 Saudi Arabia	656	493	4	159
塞舌尔 Seychelles	120	45	45	30
瑞典 Sweden	13 495	11 046	349	2100
新加坡 Singapore	5995	3616	1610	769
斯洛文尼亚 Slovenia	165	116	1	48
斯洛伐克 Slovakia	49	28	1	20
圣马力诺 San Marino	1	1	0	0
萨尔瓦多 El Salvador	2	2	0	0
叙利亚 Syria	1	0	0	1
乍得 Chad	1	0	1	0
泰国 Thailand	310	85	38	187

（续表 cont'd）

国家和地区 Country and Region	2018年 Year 2018			
	合计 Total	发明 Invention	实用新型 Utility Model	外观设计 Design
突尼斯 Tunisia	4	4	0	0
土耳其 Turkey	512	277	33	202
特立尼达和多巴哥 Trinidad and Tobago	6	3	0	3
乌克兰 Ukraine	60	31	6	23
美国 U.S.A.	200 301	167 260	10 518	22 523
乌拉圭 Uruguay	11	10	1	0
乌兹别克斯坦 Uzbekistan	3	3	0	0
圣文森特和格林纳丁斯 St.Vincent and the Grenadines	1	1	0	0
委内瑞拉 Venezuela	4	4	0	0
英属维尔京群岛 British Virgin Islands	1801	850	308	643
越南 Vietnam	102	13	1	88
萨摩亚 Samoa	305	200	86	19
也门 Yemen	4	0	1	3
南斯拉夫 Yugoslavia	2	2	0	0
南非 South Africa	493	408	18	67

（续表 cont'd）

表10　国际申请业务进展统计表（1985.4~2018.12）　　　（单位：件）

Statistics of PCT International Applications（1985.4–2018.12）（unit：piece）

项目 Item	总累计 Accumulated Number	2018年 Year 2018
收到国际申请 International Applications Received	313 984	55 243
进入中国国内阶段的国际申请（发明） International Applications Entering Chinese National Phase（Invention）	1 094 747	84 297
进入中国国内阶段的国际申请（实用新型） International Applications Entering Chinese National Phase （Utility Model）	7627	1019

二、专利行政执法

表11　2018年各地区管理专利工作的部门专利执法统计表　　（单位：件）

Statistics of Patent Enforcement of the Administrative Authorities for
Patent Affairs in 2018　　　　　（unit：piece）

地区 Region	类别 Type 时间 Year	侵权纠纷 Infringement Dispute		其他纠纷 Other Dispute		查处假冒专利案件 Punishment of Counterfeit Patent Case
		立案 Entertained	结案 Closed	立案 Entertained	结案 Closed	结案 Closed
合计 Total	总累计 Accumulated	108 234	104 993	3301	3078	158 320
	2018	33 976	33 256	621	512	42 679
北京 Beijing	总累计 Accumulated	1067	966	4	1	3740
	2018	297	304	3	1	1249
天津 Tianjin	总累计 Accumulated	535	529	8	8	2008
	2018	121	116	0	0	268
河北 Hebei	总累计 Accumulated	2848	2691	164	163	2695
	2018	809	695	10	10	534
山西 Shanxi	总累计 Accumulated	98	68	9	3	400
	2018	43	35	0	0	163
内蒙古 Inner Mongolia	总累计 Accumulated	74	70	0	0	2032
	2018	22	30	0	0	380
辽宁 Liaoning	总累计 Accumulated	1374	1351	77	75	2943
	2018	608	610	0	0	544
吉林 Jilin	总累计 Accumulated	385	375	4	4	164
	2018	136	132	0	0	36
黑龙江 Heilongjiang	总累计 Accumulated	1225	1170	824	746	2308
	2018	383	368	247	182	840
上海 Shanghai	总累计 Accumulated	1046	1006	28	27	350
	2018	260	244	4	4	121

（续表 cont'd）

地区 Region	类别 Type 时间 Year	侵权纠纷 Infringement Dispute		其他纠纷 Other Dispute		查处假冒专利案件 Punishment of Counterfeit Patent Case
		立案 Entertained	结案 Closed	立案 Entertained	结案 Closed	结案 Closed
江苏 Jiangsu	总累计 Accumulated	6630	6313	364	360	28 614
	2018	2078	1997	49	49	7529
浙江 Zhejiang	总累计 Accumulated	46 298	46 282	403	403	5830
	2018	13 013	13 043	1	1	1720
安徽 Anhui	总累计 Accumulated	2999	2778	73	53	4090
	2018	1162	1089	19	12	1434
福建 Fujian	总累计 Accumulated	2158	2033	30	30	7024
	2018	1105	1047	4	4	1869
江西 Jiangxi	总累计 Accumulated	738	568	5	2	2364
	2018	164	51	1	1	533
山东 Shandong	总累计 Accumulated	3864	3742	44	40	16 879
	2018	1475	1452	6	2	3611
河南 Henan	总累计 Accumulated	4183	3820	77	73	7793
	2018	1682	1736	8	8	1922
湖北 Hubei	总累计 Accumulated	2495	2262	52	47	8311
	2018	781	708	6	6	2119
湖南 Hunan	总累计 Accumulated	2504	2251	315	233	19 137
	2018	932	859	43	18	4251
广东 Guangdong	总累计 Accumulated	16 446	15 801	341	334	7789
	2018	3974	3868	153	149	2484
广西 Guangxi	总累计 Accumulated	185	177	1	1	2711
	2018	66	66	0	0	843
海南 Hainan	总累计 Accumulated	25	14	4	4	383
	2018	6	2	1	1	91

（续表 cont'd）

地区 Region	类别 Type 时间 Year	侵权纠纷 Infringement Dispute		其他纠纷 Other Dispute		查处假冒专利案件 Punishment of Counterfeit Patent Case
		立案 Entertained	结案 Closed	立案 Entertained	结案 Closed	结案 Closed
重庆 Chongqing	总累计 Accumulated	1557	1532	54	54	1161
	2018	472	472	7	7	279
四川 Sichuan	总累计 Accumulated	5786	5760	351	350	5475
	2018	3037	3028	3	3	2072
贵州 Guizhou	总累计 Accumulated	228	197	2	0	14 253
	2018	17	21	2	0	5119
云南 Yunnan	总累计 Accumulated	256	231	0	0	1559
	2018	39	34	0	0	611
西藏 Tibet	总累计 Accumulated	0	0	0	0	0
	2018	0	0	0	0	0
陕西 Shaanxi	总累计 Accumulated	812	706	9	9	3358
	2018	190	150	0	0	871
甘肃 Gansu	总累计 Accumulated	645	602	0	0	2253
	2018	350	327	0	0	605
青海 Qinghai	总累计 Accumulated	25	18	0	0	61
	2018	0	0	0	0	48
宁夏 Ningxia	总累计 Accumulated	198	186	51	51	127
	2018	37	31	51	51	31
新疆 Xinjiang	总累计 Accumulated	1550	1494	7	7	2508
	2018	717	741	3	3	502

三、中国专利金奖

表12　中国专利金奖分布统计表　　　　　（单位：件）

Statistics of Distribution of China Patent Gold Awards（unit：piece）

地区 **Region**	合计 **Total**	第二十届 **the 20th**
合计 Total	322	30
北京 Beijing	80.2	7.2
天津 Tianjin	7.3	1.3
河北 Hebei	5	0
辽宁 Liaoning	12	0
吉林 Jilin	2	0
黑龙江 Heilongjiang	6	2
上海 Shanghai	18	1
江苏 Jiangsu	20.7	2.7
浙江 Zhejiang	12.7	2.7
安徽 Anhui	6	0
福建 Fujian	3	1
江西 Jiangxi	1	0
山东 Shandong	20.5	3.5
河南 Henan	10	1
湖北 Hubei	11	1

（续表 cont'd）

地区 Region	合计 Total	第二十届 the 20th
湖南 Hunan	16	0
广东 Guangdong	49.8	5.8
广西 Guangxi	1	0
海南 Hainan	4	0
重庆 Chongqing	5	0
四川 Sichuan	7	0
贵州 Guizhou	2	0
云南 Yunnan	3	0
陕西 Shaanxi	15	1
甘肃 Gansu	1	0
青海 Qinghai	1	0
宁夏 Ningxia	1	0
新疆 Xinjiang	1	0

注：金奖按专利权人所在地等比例划分。

（本统计数据由国家知识产权局战略规划司提供）

II

商 标

一、商标申请与注册

表1   2018年度商标申请与注册概况表   （单位：件）
Statistics of Trademark Applications and Registrations in 2018   （unit：piece）

项目 Item	国内 Domestic	国际 International	马德里 Madrid	合计 Total
注册申请 Applications Filed for Registration	7 127 032	174 959	68 718	7 370 709
异议申请 Applications Filed for Opposition	86 798	29 169	461	116 428
续展申请 Applications Filed for Renewal	247 382	19 851	12 356	279 589
变更申请 Modification Applications	434 643	32 942	12 501	480 086
转让申请 Assignment Applications	370 729	16 873	6651	394 253
注销申请 Annulment Applications	16 949		12 811	110 725
撤销申请 Cancellation Applications	80 965			
许可备案申请 Applications for Record of License	27 080			27 080
注册商标 Registrations Approved	4 796 851	129 336	81 208	5 007 395
审定商标 Trademarks Preliminarily Approved	4 722 077		35 696	4 757 773
核驳商标 Trademarks Refused	2 012 478		62 509	3 284 868
部分核驳商标 Trademarks Partly Refused	1 209 881			
异议裁定量 Dissent Ruling	66 295			66 295
变更注册商标 Registered Trademarks Modified	565 093		16 432	581 525

（续表 cont'd）

项目 Item	国内 Domestic	国际 International	马德里 Madrid	合计 Total
转让注册商标 Registered Trademarks Assigned	402 148		6856	409 004
续展注册商标 Registered Trademarks Renewed	300 692		15 975	316 667
注销注册商标 Registered Trademarks Annulled	18 511		15 484	77 675
撤销注册商标 Registered Trademarks Cancelled	43 680			
许可合同备案办理 Recordal of License Contract Handled	42 821			42 821
补发商标注册证 Replacement of Registration Certificates	26 795			26 795

（续表 cont'd）

表2　2018年度各省级行政区商标申请与注册统计表　（单位：件）

Statistics of Domestic Trademark Applications and Registrations in 2018

（ by 34 Provincial Administrative Regions ）　（unit：piece）

省级行政区 Region	申请件数 Applications	注册件数 Registrations	有效注册量 Registrations Effected
北京 Beijing	580 855	389 175	1 500 496
天津 Tianjin	64 234	41 496	196 319
河北 Hebei	218 860	150 128	500 863
山西 Shanxi	52 648	33 873	139 977
内蒙古 Inner Mongolia	59 090	40 354	153 468
辽宁 Liaoning	104 154	74 435	316 614
吉林 Jilin	63 895	45 064	166 102
黑龙江 Heilongjiang	79 846	53 674	213 150
上海 Shanghai	408 916	291 732	1 149 325
江苏 Jiangsu	484 227	316 045	1 180 720
浙江 Zhejiang	685 713	487 041	1 984 367
安徽 Anhui	201 127	140 576	436 752
福建 Fujian	396 538	256 911	972 726
江西 Jiangxi	136 347	93 606	292 132
山东 Shandong	398 902	252 830	960 070
河南 Henan	283 085	185 704	623 730
湖北 Hubei	170 970	125 754	413 950

省级行政区 Region	申请件数 Applications	注册件数 Registrations	有效注册量 Registrations Effected
湖南 Hunan	177 841	122 654	434 437
广东 Guangdong	1 462 435	940 624	3 410 021
广西 Guangxi	78 855	47 436	172 376
海南 Hainan	31 148	17 274	74 605
重庆 Chongqing	133 952	92 694	377 407
四川 Sichuan	255 692	165 681	631 570
贵州 Guizhou	73 389	42 814	153 828
云南 Yunnan	103 036	70 456	277 256
西藏 Tibet	10 289	7881	21 480
陕西 Shaanxi	115 081	72 982	310 975
甘肃 Gansu	30 665	21 193	73 321
青海 Qinghai	11 739	8491	31 209
宁夏 Ningxia	15 851	11 367	43 186
新疆 Xinjiang	45 068	32 138	153 933
香港 Hong Kong	167 548	145 348	509 970
澳门 Macao	1680	1212	6111
台湾 Taiwan	23 356	18 208	166 362
合计 Total	7 127 032	4 796 851	18 048 808

说明：申请件数、注册件数指2017.12.16至2018.12.15的商标统计情况，其他指截至2018.12.15的统计情况。

表3 2018年度外国（地区）在华商标申请统计表 （单位：件）

Statistics of Foreign（Region）Trademark Applications in China in 2018（unit：piece）

外国（地区） Foreign（Region）	外国（地区）申请件数 Foreign（Region）Applications	马德里申请件数 Madrid Applications	合计 Total
阿尔巴尼亚 Albania	2	0	2
阿尔及利亚 Algeria	28	1	29
阿富汗 Afghanistan	49	0	49
阿根廷 Argentina	290	1	291
阿联酋 United Arab Emirates	430	35	465
阿曼 Oman	6	1	7
阿塞拜疆 Azerbaijan	24	5	29
埃及 Egypt	82	12	94
埃塞俄比亚 Ethiopia	2	0	2
爱尔兰 Ireland	539	191	730
爱沙尼亚 Estonia	39	127	166
安道尔 Andorra	5	0	5
安哥拉 Angola	8	0	8
安圭拉 Anguilla	264	0	264
安提瓜和巴布达 Antigua and Barbuda	14	0	14
奥地利 Austria	524	1122	1646
澳大利亚 Australia	5885	2258	8143
巴巴多斯 Barbados	83	2	85

（续表 cont'd）

外国（地区） Foreign（Region）	外国（地区）申请件数 Foreign（Region）Applications	马德里申请件数 Madrid Applications	合计 Total
巴布亚新几内亚 Papua New Guinea	2	0	2
巴哈马 Bahamus	111	24	135
巴基斯坦 Pakistan	180	0	180
巴拉圭 Paraguay	15	0	15
巴勒斯坦 Palestine	8	0	8
巴林 Bahrain	7	0	7
巴拿马 Panama	84	6	90
巴西 Brazil	427	0	427
白俄罗斯 Belarus	27	178	205
百慕大群岛 Bermuda	324	10	334
保加利亚 Bulgaria	36	133	169
比利时 Belgium	4632	961	5593
冰岛 Iceland	31	103	134
波多黎各 Puerto Rico	19	0	19
波斯尼亚和黑塞哥维那 Bosnia and Herzegovina	4	1	5
波兰 Poland	479	468	947
玻利维亚 Bolivia	14	0	14
伯利兹 Belize	70	88	158

（续表 cont'd）

（续表 cont'd）

外国（地区） Foreign（Region）	外国（地区）申请件数 Foreign（Region）Applications	马德里申请件数 Madrid Applications	合计 Total
博茨瓦纳 Botswana	45	0	45
朝鲜 D.P.R.K.	9	24	33
丹麦 Denmark	1161	787	1948
德国 Germany	7489	13 273	20 762
多哥 Togo	1	0	1
多米尼加 Dominican	8	1	9
多米尼克 Dominica	3	0	3
俄罗斯 Russia	1240	2755	3995
厄瓜多尔 Ecuador	45	0	45
法国 France	5559	6785	12 344
菲律宾 Philippines	189	33	222
斐济 Fiji	12	1	13
芬兰 Finland	851	1144	1995
刚果民主共和国 Democratic Republic of the Congo	1	0	1
哥伦比亚 Colombia	139	16	155
哥斯达黎加 Costa Rica	26	0	26
格鲁吉亚 Georgia	21	17	38
根西岛 Guernsey	10	0	10

（续表 cont'd）

外国（地区） Foreign（Region）	外国（地区）申请件数 Foreign（Region）Applications	马德里申请件数 Madrid Applications	合计 Total
古巴 Cuba	3	7	10
哈萨克斯坦 Kazakhstan	38	107	145
海地 Haiti	2	0	2
韩国 Korea	17 238	1112	18 350
荷兰 Netherlands	1930	2203	4133
荷属安的列斯群岛 Netherlands Antilles	2	0	2
黑山 Montenegro	0	42	42
洪都拉斯 Honduras	2	0	2
吉尔吉斯斯坦 Kyrgyzstan	15	0	15
几内亚 Guinea	4	0	4
加拿大 Canada	4458	72	4530
加纳 Ghana	9	0	9
柬埔寨 Cambodia	15	1	16
捷克 Czech	238	328	566
津巴布韦 Zimbabwe	4	0	4
喀麦隆 Cameroon	52	3	55
卡塔尔 Qatar	39	0	39
开曼群岛 Cayman Islands	6300	46	6346
科特迪瓦 Cote d'Ivoire	20	0	20

（续表 cont'd）

（续表 cont'd）

外国（地区） Foreign（Region）	外国（地区）申请件数 Foreign（Region）Applications	马德里申请件数 Madrid Applications	合计 Total
科威特 Kuwait	25	0	25
克罗地亚 Croatia	8	11	19
肯尼亚 Kenya	27	5	32
库克群岛 Cook Islands	31	0	31
库拉索 Curacao	19	20	39
拉脱维亚 Latvia	16	61	77
老挝 Laos	11	1	12
黎巴嫩 Lebanon	61	4	65
立陶宛 Lithuania	164	95	259
利比里亚 Liberia	19	0	19
利比亚 Libya	15	0	15
列支敦士登 Liechtenstein	124	79	203
卢森堡 Luxembourg	475	453	928
罗马尼亚 Romania	69	30	99
马达加斯加 Madagascar	2	0	2
马恩岛 Isle of Man	84	7	91
马尔代夫 Maldives	6	0	6
马耳他 Malta	109	37	146
马来西亚 Malaysia	2347	16	2363

（续表 cont'd）

外国（地区） Foreign（Region）	外国（地区）申请件数 Foreign（Region）Applications	马德里申请件数 Madrid Applications	合计 Total
马里 Mali	18	0	18
马其顿 Macedonia	0	33	33
马绍尔群岛 Marshall Islands	82	0	82
毛里求斯 Mauritius	66	4	70
毛里塔尼亚 Mauritania	3	0	3
美国 U.S.A.	42 735	8201	50 936
蒙古 Mongolia	21	22	43
孟加拉国 Bangladesh	22	0	22
秘鲁 Peru	63	0	63
缅甸 Myanmar	69	0	69
摩尔多瓦 Moldova	12	19	31
摩洛哥 Morocco	64	30	94
摩纳哥 Monaco	96	145	241
莫桑比克 Mozambique	2	0	2
墨西哥 Mexico	503	36	539
南非 South Africa	274	0	274
尼泊尔 Nepal	27	0	27
尼日利亚 Nigeria	39	0	39
挪威 Norway	569	480	1049

（续表 cont'd）

（续表 cont'd）

外国（地区） Foreign（Region）	外国（地区）申请件数 Foreign（Region）Applications	马德里申请件数 Madrid Applications	合计 Total
葡萄牙 Portugal	397	212	609
日本 Japan	20 941	4799	25 740
瑞典 Sweden	1433	1294	2727
瑞士 Switzerland	3814	4306	8120
萨尔瓦多 El Salvador	5	0	5
萨摩亚 Samoa	607	0	607
塞尔维亚 Serbia	27	103	130
塞拉利昂 Sierra Leone	1	0	1
塞内加尔 Senegal	18	3	21
塞浦路斯 Cyprus	161	208	369
塞舌尔 Seychelles	1160	2	1162
沙特阿拉伯 Saudi Arabia	128	1	129
圣基茨和尼维斯 Saint kitts and Nevis	14	0	14
圣卢西亚 Saint Lucia	0	3	3
圣马力诺 San Marino	147	11	158
圣文森特和格林纳丁斯 St.Vincent and the Grenadines	1	0	1
斯里兰卡 Sri Lanka	39	1	40
斯洛伐克 Slovakia	37	115	152
斯洛文尼亚 Slovenia	26	125	151

（续表 cont'd）

外国（地区） Foreign（Region）	外国（地区）申请件数 Foreign（Region）Applications	马德里申请件数 Madrid Applications	合计 Total
苏丹 Sudan	9	0	9
索马里 Somalia	1	0	1
塔吉克斯坦 Tajikistan	5	0	5
泰国 Thailand	3082	71	3153
坦桑尼亚 Tanzania	13	0	13
特克斯和凯科斯群岛 Turks and Caicos Islands	5	0	5
特立尼达和多巴哥 Trinidad and Tobago	63	0	63
突尼斯 Tunisia	5	14	19
土耳其 Turkey	344	575	919
土库曼斯坦 Turkmenistan	4	7	11
瓦努阿图 Vanuatu	45	1	46
危地马拉 Guatemala	12	0	12
委内瑞拉 Venezuela	50	0	50
文莱 Brunei	7	0	7
乌干达 Uganda	6	0	6
乌克兰 Ukraine	112	220	332
乌拉圭 Uruguay	53	0	53
乌兹别克斯坦 Uzbekistan	19	4	23
西班牙 Spain	1503	1114	2617

（续表 cont'd）

外国（地区） Foreign（Region）	外国（地区）申请件数 Foreign（Region）Applications	马德里申请件数 Madrid Applications	合计 Total
希腊 Greece	117	91	208
新加坡 Singapore	3925	636	4561
新西兰 New Zealand	1517	501	2018
匈牙利 Hungary	126	112	238
叙利亚 Syria	107	1	108
牙买加 Jamaica	6	0	6
亚美尼亚 Armenia	18	14	32
也门 Yemen	90	0	90
伊拉克 Iraq	222	0	222
伊朗 Iran	247	54	301
以色列 Israel	509	257	766
意大利 Italy	3588	4892	8480
印度 India	586	52	638
印度尼西亚 Indonesia	856	8	864
英国 U.K.	12 691	4456	17 147
英吉利海峡群岛 English Channel Islands	6	0	6
英属维尔京群岛 British Virgin Islands	5082	69	5151
约旦 Jordan	96	0	96
越南 Vietnam	224	104	328
泽西岛 Jersey Island	32	0	32

（续表 cont'd）

外国（地区） Foreign（Region）	外国（地区）申请件数 Foreign（Region）Applications	马德里申请件数 Madrid Applications	合计 Total
乍得 Chad	1	0	1
直布罗陀 Gibraltar	20	9	29
智利 Chile	400	0	400
合计 Total	174 959	68 718	243 677

（续表 cont'd）

表4　2018年度外国（地区）在华商标注册统计表　　（单位：件）

Statistics of Foreign（Region）Trademark Registrations in China in 2018　（unit：piece）

外国（地区） Foreign（Region）	外国（地区）注册件数 Foreign（Region） Registrations	马德里注册件数 Madrid Registrations	合计 Total
阿尔及利亚 Algeria	42	0	42
阿富汗 Afghanistan	24	0	24
阿根廷 Argentina	118	1	119
阿联酋 United Arab Emirates	293	25	318
阿曼 Oman	11	0	11
阿塞拜疆 Azerbaijan	23	2	25
埃及 Egypt	77	13	90
埃塞俄比亚 Ethiopia	2	0	2
爱尔兰 Ireland	284	292	576
爱沙尼亚 Estonia	18	69	87
安道尔 Andorra	1	7	8
安哥拉 Angola	3	0	3
安圭拉 Anguilla	40	0	40
奥地利 Austria	380	1152	1532
澳大利亚 Australia	4614	2822	7436
巴巴多斯 Barbados	48	1	49
巴布亚新几内亚 Papua New Guinea	1	0	1

中国知识产权统计年报2018

China Intellectual Property Statistical Yearbook 2018

（续表 cont'd）

外国（地区） Foreign（Region）	外国（地区）注册件数 Foreign（Region） Registrations	马德里注册件数 Madrid Registrations	合计 Total
巴哈马 Bahamas	97	40	137
巴基斯坦 Pakistan	105	0	105
巴拉圭 Paraguay	8	0	8
巴勒斯坦 Palestine	8	0	8
巴林 Bahrain	9	1	10
巴拿马 Panama	32	9	41
巴西 Brazil	317	6	323
白俄罗斯 Belarus	29	183	212
百慕大群岛 Bermuda	172	2	174
保加利亚 Bulgaria	29	156	185
比利时 Belgium	507	1096	1603
冰岛 Iceland	17	40	57
波多黎各 Puerto Rico	5	0	5
波兰 Poland	376	577	953
玻利维亚 Bolivia	2	0	2
伯利兹 Belize	64	24	88
博茨瓦纳 Botswana	87	0	87
布基纳法索 Burkina Faso	3	0	3

（续表 cont'd）

（续表 cont'd）

外国（地区） Foreign（Region）	外国（地区）注册件数 Foreign（Region） Registrations	马德里注册件数 Madrid Registrations	合计 Total
朝鲜 D.P.R.K.	11	20	31
丹麦 Denmark	1151	1010	2161
德国 Germany	6215	15 816	22 031
多哥 Togo	6	0	6
多米尼加 Dominican	20	0	20
俄罗斯 Russia	909	2657	3566
厄瓜多尔 Ecuador	28	0	28
厄立特里亚 Eritrea	1	0	1
法国 France	3819	7564	11 383
菲律宾 Philippines	131	37	168
斐济 Fiji	6	0	6
芬兰 Finland	660	1747	2407
哥伦比亚 Colombia	95	9	104
哥斯达黎加 Costa Rica	3	0	3
格陵兰岛 Greenland	0	1	1
格鲁吉亚 Georgia	7	25	32
根西岛 Guernsey	16	0	16
古巴 Cuba	4	10	14
哈萨克斯坦 Kazakhstan	16	77	93

（续表 cont'd）

外国（地区） Foreign（Region）	外国（地区）注册件数 Foreign（Region） Registrations	马德里注册件数 Madrid Registrations	合计 Total
海地 Haiti	8	0	8
韩国 Korea	14 413	1970	16 383
荷兰 Netherlands	1847	2684	4531
荷属安的列斯群岛 Netherlands Antilles	4	0	4
黑山 Montenegro	0	7	7
吉布提 Djibouti	1	0	1
吉尔吉斯斯坦 Kyrgyzstan	7	10	17
几内亚 Guinea	2	0	2
加拿大 Canada	2786	73	2859
加纳 Ghana	1	0	1
加蓬 Gabon	1	0	1
柬埔寨 Cambodia	17	0	17
捷克 Czech	92	312	404
津巴布韦 Zimbabwe	1	0	1
喀麦隆 Cameroon	4	2	6
卡塔尔 Qatar	39	0	39
开曼群岛 Cayman Islands	6337	18	6355
科特迪瓦 Cote d'Ivoire	4	0	4
科威特 Kuwait	26	0	26

（续表 cont'd）

（续表 cont'd）

外国（地区） Foreign（Region）	外国（地区）注册件数 Foreign（Region） Registrations	马德里注册件数 Madrid Registrations	合计 Total
克罗地亚 Croatia	20	27	47
肯尼亚 Kenya	24	1	25
库克群岛 Cook Islands	11	0	11
库拉索 Curacao	10	97	107
拉脱维亚 Latvia	18	59	77
老挝 Laos	11	0	11
黎巴嫩 Lebanon	64	12	76
立陶宛 Lithuania	51	109	160
利比里亚 Liberia	1	0	1
利比亚 Libya	4	0	4
列支敦士登 Liechtenstein	142	156	298
卢森堡 Luxembourg	369	760	1129
罗马尼亚 Romania	27	80	107
马达加斯加 Madagascar	1	0	1
马恩岛 Isle of Man	193	10	203
马尔代夫 Maldives	2	0	2
马耳他 Malta	33	35	68
马来西亚 Malaysia	1458	15	1473
马里 Mali	5	0	5

（续表 cont'd）

外国（地区） Foreign（Region）	外国（地区）注册件数 Foreign（Region） Registrations	马德里注册件数 Madrid Registrations	合计 Total
马其顿 Macedonia	1	16	17
马绍尔群岛 Marshall Islands	77	1	78
毛里求斯 Mauritius	54	8	62
毛里塔尼亚 Mauritania	6	0	6
美国 U.S.A.	32 704	8108	40 812
蒙古 Mongolia	7	12	19
孟加拉国 Bangladesh	18	0	18
秘鲁 Peru	46	0	46
缅甸 Myanmar	56	0	56
摩尔多瓦 Moldova	0	16	16
摩洛哥 Morocco	12	27	39
摩纳哥 Monaco	19	109	128
莫桑比克 Mozambique	0	1	1
墨西哥 Mexico	554	61	615
纳米比亚 Nambia	49	0	49
南非 South Africa	298	9	307
瑙鲁 Nauru	4	0	4
尼泊尔 Nepal	15	0	15
尼日尔 Niger	2	0	2

（续表 cont'd）

（续表 cont'd）

外国（地区） Foreign（Region）	外国（地区）注册件数 Foreign（Region） Registrations	马德里注册件数 Madrid Registrations	合计 Total
尼日利亚 Nigeria	35	0	35
挪威 Norway	238	550	788
葡萄牙 Portugal	101	269	370
日本 Japan	15 365	5513	20 878
瑞典 Sweden	1137	1745	2882
瑞士 Switzerland	2581	5254	7835
萨尔瓦多 El Salvador	2	0	2
萨摩亚 Samoa	345	0	345
塞尔维亚 Serbia	3	60	63
塞拉利昂 Sierra Leone	5	0	5
塞内加尔 Senegal	13	0	13
塞浦路斯 Cyprus	109	296	405
塞舌尔 Seychelles	910	5	915
沙特阿拉伯 Saudi Arabia	83	8	91
圣基茨和尼维斯 Saint kitts and Nevis	4	1	5
圣卢西亚 Saint Lucia	6	3	9
圣马力诺 San Marino	16	16	32
圣文森特和格林纳丁斯 St.Vincent and the Grenadines	4	0	4
斯里兰卡 Sri Lanka	36	0	36

（续表 cont'd）

（续表 cont'd）

外国（地区） Foreign（Region）	外国（地区）注册件数 Foreign（Region） Registrations	马德里注册件数 Madrid Registrations	合计 Total
斯洛伐克 Slovakia	21	85	106
斯洛文尼亚 Slovenia	17	118	135
苏丹 Sudan	20	0	20
所罗门群岛 Solomon Islands	1	0	1
塔吉克斯坦 Tajikistan	1	0	1
泰国 Thailand	1473	64	1537
坦桑尼亚 Tanzania	13	3	16
特克斯和凯科斯群岛 Turks and Caicos Islands	7	0	7
特立尼达和多巴哥 Trinidad and Tobago	13	0	13
突尼斯 Tunisia	7	18	25
土耳其 Turkey	264	963	1227
土库曼斯坦 Turkmenistan	8	36	44
瓦努阿图 Vanuatu	14	0	14
危地马拉 Guatemala	8	0	8
委内瑞拉 Venezuela	26	0	26
文莱 Brunei	6	0	6
乌干达 Uganda	5	0	5
乌克兰 Ukraine	31	218	249
乌拉圭 Uruguay	17	0	17

（续表 cont'd）

（续表 cont'd）

外国（地区） Foreign（Region）	外国（地区）注册件数 Foreign（Region） Registrations	马德里注册件数 Madrid Registrations	合计 Total
乌兹别克斯坦 Uzbekistan	9	10	19
西班牙 Spain	1080	1381	2461
希腊 Greece	133	124	257
新加坡 Singapore	2870	775	3645
新西兰 New Zealand	1232	540	1772
匈牙利 Hungary	34	123	157
叙利亚 Syria	73	0	73
牙买加 Jamaica	2	0	2
亚美尼亚 Armenia	12	13	25
也门 Yemen	47	0	47
伊拉克 Iraq	290	0	290
伊朗 Iran	252	77	329
以色列 Israel	483	318	801
意大利 Italy	2813	5852	8665
印度 India	351	138	489
印度尼西亚 Indonesia	582	2	584
英国 U.K.	9445	6040	15 485
英吉利海峡群岛 English Channel Islands	29	0	29
英属维尔京群岛 British Virgin Islands	3166	147	3313
约旦 Jordan	46	0	46

（续表 cont'd）

外国（地区） Foreign（Region）	外国（地区）注册件数 Foreign（Region） Registrations	马德里注册件数 Madrid Registrations	合计 Total
越南 Vietnam	156	94	250
泽西岛 Jersey Island	32	41	73
直布罗陀 Gibraltar	1	11	12
智利 Chile	353	1	354
合计 Total	129 336	81 208	210 544

（续表 cont'd）

表5 2018年度按类申请和注册商标统计表 （单位：件）
Statistics of Trademark Applications and Registrations by Class in 2018
（unit：piece）

类别 Type	申请 Applications				注册 Registrations			
	国内 Domestic	国际 International	马德里 Madrid	合计 Total	国内 Domestic	国际 International	马德里 Madrid	合计 Total
1	85 021	2605	1461	89 087	61 195	2237	2064	65 496
2	40 688	970	437	42 095	29 630	696	550	30 876
3	247 234	13 626	3009	263 869	163 311	9343	3205	175 859
4	34 066	1298	566	35 930	26 328	854	772	27 954
5	245 267	9080	2588	256 935	158 205	6353	3244	167 802
6	89 245	2226	1185	92 656	64 887	1712	1520	68 119
7	131 693	4113	2506	138 312	95 813	3475	3069	102 357
8	49 353	1970	794	52 117	35 829	1551	960	38 340
9	402 230	14 471	7528	424 229	266 590	10527	8691	285 808
10	108 302	4073	1785	114 160	75 195	2901	2065	80 161
11	176 503	4495	1945	182 943	125 509	3319	2324	131 152
12	88 215	3044	1532	92 791	65 070	2153	1622	68 845
13	12 170	390	119	12 679	8845	223	128	9196
14	111 099	3077	1212	115 388	78 002	2177	1529	81 708
15	27 073	702	155	27 930	18 900	475	217	19 592
16	142 317	5021	1820	149 158	101 946	4256	2628	108 830
17	38 956	1292	757	41 005	28 316	1086	1029	30 431
18	116 362	5202	1837	123 401	83 701	3828	2313	89 842
19	78 336	1149	700	80 185	63 210	943	917	65 070
20	170 832	3224	1344	175 400	141 940	2341	1695	145 976
21	141 965	4621	1409	147 995	113 296	3365	1824	118 485
22	25 237	815	288	26 340	19 041	684	370	20 095

（续表 cont'd）

类别 Type	申请 Applications				注册 Registrations			
	国内 Domestic	国际 International	马德里 Madrid	合计 Total	国内 Domestic	国际 International	马德里 Madrid	合计 Total
23	17 210	440	154	17 804	11 806	265	178	12 249
24	87 315	2529	967	90 811	61 336	1965	1307	64 608
25	575 597	9719	3208	588 524	454 440	6507	3545	464 492
26	33 280	1023	332	34 635	25 110	788	435	26 333
27	42 245	1003	398	43 646	28 205	772	502	29 479
28	115 307	5028	1568	121 903	86 741	3730	2074	92 545
29	293 739	5054	1151	299 944	210 015	4055	1569	215 639
30	417 163	6814	1639	425 616	285 718	5726	2177	293 621
31	183 041	2229	664	185 934	133 574	1636	842	136 052
32	155 267	4195	1121	160 583	91 404	3129	1252	95 785
33	193 167	4291	1374	198 832	98 279	3041	1447	102 767
34	24 473	1002	256	25 731	17 543	672	290	18 505
35	906 439	13 672	4710	924 821	479 650	8987	4340	492 977
36	112 780	2642	1316	116 738	76 694	1888	1282	79 864
37	90 462	1827	1505	93 794	62 601	1509	1896	66 006
38	95 846	2273	1378	99 497	58 946	1874	1595	62 415
39	90 710	1721	935	93 366	66 147	1368	1152	68 667
40	61 154	1224	842	63 220	42 775	947	1155	44 877
41	290 571	6861	2932	300 364	180 373	5386	3401	189 160
42	244 772	6159	4547	255 478	153 819	4535	4865	163 219
43	336 313	3764	940	341 017	217 075	3005	1019	221 099
44	129 075	2559	1109	132 743	82 676	1858	1209	85 743
45	68 942	1466	695	71 103	47 165	1194	940	49 299
合计	7 127 032	174 959	68 718	7 370 709	4 796 851	129 336	81 208	5 007 395

注：由于不予受理件未电子化，以上数据不含不予受理量。

（续表 cont'd）

二、商标评审案件

表6　2018年度商标评审案件统计表
Statistics of Trademark Cases Received and Adjudicated in 2018

项目 Item	案件类型 Cases by Category	数量（件） Number of Cases（piece）
评审案件申请量 Applications	驳回商标注册申请复审 Review of Rejection of Trademark Applications	280 511
	不予注册复审 Review of Rejection of Trademark Registration	2066
	异议复审 Review of Adjudication on Opposition	0
	撤销注册商标复审 Review of Cancellation of Registered Trademarks	8151
	无效宣告 Invalid Announcement	31 447
	无效宣告复审 Review of Invalid Announcement	1
	总计 Total	322 176
评审案件裁决量 Adjudications	驳回商标注册申请复审 Review of Rejection of Trademark Applications	234 699
	复杂案件 Complex Cases	30 313
	总计 Total	265 012
参与行政诉讼 Administrative Proceedings	一审 First Instance	11 510
	二审 Second Instance	4120
	再审 Retrial	420
	总计 Total	16 050
行政复议 Administrative Reconsiderations	申请量 Applications	687
	结案量 Cases Concluded	732

（本统计数据由国家知识产权局商标局提供）

III

版权

表1　2018年全国版权合同登记情况统计表　　　（单位：份）

Statistics of Registration of Copyright Contract Nationwide in 2018

（unit：piece）

	合计 Total	图书 Book	期刊 Periodical	音像制品 Audio–visual Product	电子出版物 Electronic Publication	软件 Software	电影 Film	电视节目 Television Program	其他 Others
合计 Total	20 339	16 600	85	1877	420	1045			312
中国版权保护中心 National Center of Copyright Protection	1915			1823		92			
北京 Beijing	9300	9102	84		111	3			
天津 Tianjin	484	447			37				
河北 Hebei	252	248			4				
山西 Shanxi	53	53							
内蒙古 Inner Mongdia	2								2
辽宁 Liaoning	409	409							
吉林 Jilin	62	62							
黑龙江 Heilongjiang	202	202							
上海 Shanghai	1155	1024		54	77				
江苏 Jiangsu	1211	394			92	725			
浙江 Zhejiang	804	591				213			
安徽 Anhui	87	87							
福建 Fujian	102	98				4			
江西 Jiangxi	406	406							
山东 Shandong	249	249							

（续表 cont'd）

	合计 Total	图书 Book	期刊 Periodical	音像制品 Audio- visual Product	电子出版物 Electronic Publication	软件 Software	电影 Film	电视节目 Television Program	其他 Others
河南 Henan	163	163							
湖北 Hubei	369	369							
湖南 Hunan	406	405	1						
广东 Guangdong	528	120			99				309
广西 Guangxi	368	368							
海南 Hainan	168	168							
重庆 Chongqing	294	294							
四川 Sichuan	725	719				6			
贵州 Guizhou	2	2							
云南 Yunnan	245	245							
西藏 Tibet									
陕西 Shaanxi	235	232				2			1
甘肃 Gansu	99	99							
青海 Qinghai									
宁夏 Ningxia	44	44							
新疆 Xinjiang									

（续表 cont'd）

表2 2018年全国作品登记分类情况统计表
Statistics of Registration of Works Nationwide by Class in 2018

（单位：件）
（ unit： piece ）

	合计 Total	文字 Written	口述 Oral	音乐 Musical	戏剧 Drama	曲艺 Quyi	舞蹈 Choreo-graphic	杂技 Acro-batics	美术 Fine Art	摄影 Photo-graphic	建筑 Archite-ctural	影视 Cine-mato-graphic	图形 Graph	模型 Model	其他 Others	录音 Audio Recor-ding	录像 Vedio Recor-ding
合计 Total	2 351 952	278 170	307	34 802	332	286	174	47	992 513	917 045	197	53 224	11 724	1470	39 886	8369	13 406
中国版权保护中心 National Center of Copyright Protection	244 150	15 778	5	2463	126	2	15	2	212 445	688	3	4290	829	4	6772	722	6
北京 Beijing	919 543	82 059	0	15 548	2	0	0	0	199 443	615 756	0	593	543	80	2719	346	2454
天津 Tianjin	410	99	0	19	5	0	0	0	253	0	0	5	11	12	6	0	0
河北 Hebei	11 871	7001	0	37	13	214	26	0	3394	925	0	96	37	64	45	0	19
山西 Shanxi	277	133	0	23	0	0	0	0	55	0	0	11	55	0	0	0	0
内蒙古 Inner Mongolia	335	37	0	28	1	0	0	0	204	0	4	20	2	0	36	1	2
辽宁 Liaoning	10 224	3037	0	624	0	0	0	2	1639	348	0	3621	11	0	0	47	895
吉林 Jilin	2146	565	0	64	67	0	0	0	631	0	0	102	12	11	674	0	20
黑龙江 Heilongjiang	585	374	0	119	0	0	0	0	88	0	0	4	0	0	0	0	0

（续表 cont'd）

	合计 Total	文字 Written	口述 Oral	音乐 Musical	戏剧 Drama	曲艺 Quyi	舞蹈 Choreographic	杂技 Acrobatics	美术 Fine Art	摄影 Photographic	建筑 Architectural	影视 Cinematographic	图形 Graph	模型 Model	其他 Others	录音 Audio Recording	录像 Vedio Recording
上海 Shanghai	261 642	49 657	0	209	20	0	1	1	111 640	57 347	6	21 890	122	13	7862	4667	8207
江苏 Jiangsu	302 175	48 996	202	607	22	18	55	12	170 040	66 867	7	13 214	997	3	3	1098	34
浙江 Zhejiang	21 326	781	1	84	0	0	0	0	17 914	1577	0	47	3	0	862	0	57
安徽 Anhui	20 225	774	2	117	8	4	0	0	4318	14 324	1	168	402	55	34	0	18
福建 Fujian	96 181	2158	4	11 264	13	6	1	0	77 819	1475	79	2125	408	24	219	512	74
江西 Jiangxi	12 672	5364	1	73	2	0	0	0	2871	2297	0	1375	43	2	2	162	480
山东 Shandong	84 506	3265	21	282	3	1	1	0	10 384	69 489	4	626	303	59	68	0	0
河南 Henan	1063	511	0	39	2	0	3	1	376	0	0	121	3	0	7	0	0
湖北 Hubei	30 998	5949	0	48	4	0	0	0	23 925	468	0	299	48	0	3	22	232
湖南 Hunan	3928	826	0	42	1	0	2	0	1848	161	0	429	45	7	41	14	514
广东 Guangdong	53 126	4491	30	887	21	1	0	21	35 546	5755	3	1081	1480	11	2857	690	250
广西 Guangxi	842	170	0	63	8	0	0	0	275	96	41	10	121	18	14	0	26
海南 Hainan	169	54	0	12	0	0	0	0	54	0	0	12	25	0	12	0	0

（续表 cont'd）

	合计 Total	文字 Written	口述 Oral	音乐 Musical	戏剧 Drama	曲艺 Quyi	舞蹈 Choreo-graphic	杂技 Acro-batics	美术 Fine Art	摄影 Photo-graphic	建筑 Archite-ctural	影视 Cine-mato-graphic	图形 Graph	模型 Model	其他 Others	录音 Audio Recor-ding	录像 Vedio Recor-ding
重庆 Chongqing	91 786	4768	0	638	0	0	6	0	60 538	5137	17	2598	283	14	17615	76	96
四川 Sichuan	170 133	40 030	16	998	6	40	51	8	48 218	73 906	32	128	5593	1085	10	12	0
贵州 Guizhou	1144	84	0	57	5	0	9	0	531	102	0	44	299	2	11	0	0
云南 Yunnan	322	102	0	73	0	0	0	0	142	0	0	2	3	0	0	0	0
西藏 Tibet	0	0	0	0	0	0	0	0	0	0	0	0	0	0	0	0	0
陕西 Shaanxi	8037	837	0	106	3	0	0	0	6510	291	0	275	0	0	10	0	5
甘肃 Gansu	158	49	2	9	0	0	2	0	86	0	0	6	0	0	4	0	0
青海 Qinghai	75	16	0	1	0	0	0	0	35	0	0	0	0	6	0	0	17
宁夏 Ningxia	502	91	13	184	0	0	0	0	162	0	0	28	24	0	0	0	0
新疆 Xinjiang	1401	114	10	84	0	0	2	0	1129	36	0	4	22	0	0	0	0

注：中国版权保护中心登记356 433件，合作品登记200 662件/系列，涉及作品244 150件，数字作品版权登记112 283件。

表3 2018年版权输出地汇总表 （单位：项）
Summary of Destinations of Copyright Exported in 2018（unit：item）

	合计 Total	图书 Book	录音制品 Audio Recording	录像制品 Video Recording	电子出版物 Electronic Publication	软件 Software	电影 Film	电视节目 Television Program	其他 Others
输出版权总数 Total of Copyrights Exported 版权购买者所在国家或地区名称 Countries or Regions where Copyrights Exported to	12 778	10 873	214		743	19	1	928	
美国 U.S.A.	1228	912			273			43	
英国 U.K.	533	476			16			41	
德国 Germany	507	435	29		2			41	
法国 France	286	244					1	41	
俄罗斯 Russia	477	452	25						
加拿大 Canada	226	103						123	
新加坡 Singapore	430	334			26			70	
日本 Japan	424	408	12		4				
韩国 Korea	587	512	2		73				

（续表 cont'd）

	合计 **Total**	图书 **Book**	录音制品 **Audio Recording**	录像制品 **Video Recording**	电子出版物 **Electronic Publication**	软件 **Software**	电影 **Film**	电视节目 **Television Program**	其他 **Others**
中国香港地区 Hong Kong，China	805	535	115		45	1		109	
中国澳门地区 Macao，China	67	25				1		41	
中国台湾地区 Taiwan，China	1552	1449			59	1		43	
其他 Others	5656	4988	31		245	16		376	

（续表 cont'd）

表4 2018年版权引进地汇总表 （单位：项）
Summary of Origins of Copyright Imported in 2018 （unit：item）

	合计 Total	图书 Book	录音制品 Audio Recording	录像制品 Video Recording	电子出版物 Electronic Publication	软件 Software	电影 Film	电视节目 Television Program	其他 Others
引进版权总数 Total of Copyrights Imported 原版权 所在 国家或 地区名称 Countries or Regions of Copyrights' Origin	16 829	16071	125	192	214	114	15	98	
美国 U.S.A.	5047	4833	27	104	42	22	3	16	
英国 U.K.	3496	3317	26	11	99	11	1	31	
德国 Germany	881	844	9	15	2	4	2	5	
法国 France	1024	970	5	9	21	7		12	
俄罗斯 Russia	83	78	0			3		2	
加拿大 Canada	127	117				7		3	
新加坡 Singapore	228	222	1	2		1		2	
日本 Japan	2075	1993	13	17	19	19	6	8	
韩国 Korea	124	120			1	3			

（续表 cont'd）

	合计 Total	图书 Book	录音制品 Audio Recording	录像制品 Video Recording	电子出版物 Electronic Publication	软件 Software	电影 Film	电视节目 Television Program	其他 Others
中国香港地区 Hong Kong，China	266	236	23	6				1	
中国澳门地区 Macao，China	1	1							
中国台湾地区 Taiwan，China	824	798	12	1	5	6		2	
其他 Others	2653	2542	9	27	25	31	3	16	

（续表 cont'd）

表5 2018年全国版权执法情况统计表

Statistics of Copyright Law Enforcement in 2018

项目 Item	案件查处 Cases Handled			项目 Item	收缴盗版品 Pirated Product Confiscated		
	上年度数量 Numbers of Last Year	本年度数量 Numbers of This Year	同比增减（%） Year-on-year Increase or Decrease（%）		上年度数量 Numbers of Last Year	本年度数量 Numbers of This Year	同比增减（%） Year-on-year Increase or Decrease（%）
行政处罚数量（件） Numbers of Administrative Punishments（piece）	3552	3033	-14.61	合计 Total	9 709 248	7 440 122	-23.37
案件移送数量（件） Numbers of Transferred Cases（piece）	442	203	-54.07	书刊 Book and Periodical	5 468 163	4 937 904	-9.70
检查经营单位数量（个） Numbers of Business Units Checked（unit）	636 864	522 135	-18.01	软件 Software	365 423	240 968	-34.06
取缔违法经营单位数量（个） Numbers of Illegal Business Units Tracked Down（unit）	4102	2361	-42.44	音像制品 Audio-visual Product	1 393 489	1 195 203	-14.23
查获地下窝点数量（个） Numbers of Underground Markets Tracked Down（unit）	155	203	30.97	电子出版物 Electronic Publication	169 552	197 044	16.21
其中：地下光盘生产线（条） Among:Underground CD Production Line（piece）	4	2	-50.00	其他 Others	2 312 621	869 003	-62.42
违法经营网站服务器（个） Illegal Operation Web Server（unit）	244	737	202.05	未分类项 Non-classified Item			
罚款金额（元） Amounts of Fine（yuan）	10 024 793	16 155 654	61.16				

（本统计表数据由中宣部版权管理局提供）

IV

集成电路布图设计

表1 2018年集成电路布图设计登记申请统计表 （单位：件）

Statistics of Applications for Registration of Layout–design of Integrated Circuits in 2018 （unit：piece）

地区 Region	申请数量 The Number of Applications
合计 Total	4431
国内 Domestic	4346
东部地区 Eastern Region	3362
中部地区 Middle Region	542
西部地区 Western Region	376
东北地区 Northeast Region	64
北京 Beijing	302
天津 Tianjin	83
河北 Hebei	10
山西 Shanxi	17
内蒙古 Inner Mongolia	0
辽宁 Liaoning	63
吉林 Jilin	0
黑龙江 Heilongjiang	1
上海 Shanghai	801
江苏 Jiangsu	766
浙江 Zhejiang	270
安徽 Anhui	379
福建 Fujian	162
江西 Jiangxi	0
山东 Shandong	29

（续表 cont'd）

地区 Region	申请数量 The Number of Applications
河南 Henan	19
湖北 Hubei	78
湖南 Hunan	49
广东 Guangdong	939
广西 Guangxi	0
海南 Hainan	0
重庆 Chongqing	37
四川 Sichuan	249
贵州 Guizhou	20
云南 Yunnan	1
西藏 Tibet	0
陕西 Shaanxi	69
甘肃 Gansu	0
青海 Qinghai	0
宁夏 Ningxia	0
新疆 Xinjiang	0
台湾 Taiwan	2
香港 Hong Kong	0
澳门 Macao	0
国外 Foreign	85
美国 U.S.A.	85

注：统计范围为向我国国家知识产权局提出集成电路布图设计登记申请的国内外申请人以及获得我国国家知识产权局登记发证的集成电路布图设计国内外专有权人。

表2 2018年集成电路布图设计登记发证统计表　（单位：件）
Statistics of Issued Certificates of Layout–design
of Integrated Circuits in 2018　（unit：piece）

地区 Region	发证数量 The Number of Issued Certificates
合计 Total	3815
国内 Domestic	3719
东部地区 Eastern Region	2795
中部地区 Middle Region	520
西部地区 Western Region	333
东北地区 Northeast Region	61
北京 Beijing	275
天津 Tianjin	59
河北 Hebei	11
山西 Shanxi	12
内蒙古 Inner Mongolia	0
辽宁 Liaoning	61
吉林 Jilin	0
黑龙江 Heilongjiang	0
上海 Shanghai	824
江苏 Jiangsu	610
浙江 Zhejiang	210
安徽 Anhui	414
福建 Fujian	121
江西 Jiangxi	1
山东 Shandong	21
河南 Henan	11

（续表 cont'd）

地区 Region	发证数量 The Number of Issued Certificates
湖北 Hubei	44
湖南 Hunan	38
广东 Guangdong	664
广西 Guangxi	0
海南 Hainan	0
重庆 Chongqing	20
四川 Sichuan	233
贵州 Guizhou	19
云南 Yunnan	1
西藏 Tibet	1
陕西 Shaanxi	59
甘肃 Gansu	0
青海 Qinghai	0
宁夏 Ningxia	0
新疆 Xinjiang	0
台湾 Taiwan	3
香港 Hong Kong	7
澳门 Macao	0
国外 Foreign	96
美国 U.S.A.	96

注：统计范围为向我国国家知识产权局提出集成电路布图设计登记申请的国内外申请人以及获得我国国家知识产权局登记发证的集成电路布图设计国内外专有权人。

（本统计数据由国家知识产权局战略规划司提供）

V

农业植物新品种

1999~2018年品种权申请与授权情况汇总表
Summary of Agricultural PBR's Applications and Grants，1999–2018
表1　根据植物种类划分的统计表　　　（单位：件）
Statistics of Classification by Plant Kind　　　（unit：piece）

作物种类 Category of Crop	植物种类 Category of Plant	申请量 Applications	授权量 Grants	2017年 申请量 Applications in 2017	2018年 申请量 Applications in 2018	2018年 授权量 Grants in 2018
大田作物 申请量： 21 402 授权量：9844 Agricultural Crops Applications： 21 402 Grants：9844	水稻 Oryza sativa L.	7286	3568	944	1151	636
	玉米 Zea mays L.	8407	3806	1086	1473	663
	普通小麦 Triticum aestivum L.	2129	825	306	344	142
	大豆 Glycine max (L.) Merrill	1134	599	167	237	129
	甘蓝型油菜 Brassica napus L.	376	214	20	40	15
	花生 Arachis hypogaea L.	341	133	60	62	16
	甘薯 Ipomoea batatas (L.) Lam.	158	59	24	36	3
	谷子 Setaria italica (L.) Beauv.	134	41	19	20	7
	高粱 Sorghum bicolor (L.) Moench	111	50	3	27	1
	大麦属 Hordeum L.	147	70	21	16	1
	苎麻属 Boehmeria L.	3	3	0	0	0
	棉属 Gossypium L.	614	354	37	65	52
	亚麻 Linum usitatissimum L.	6	4	0	0	0
	桑属 Morus L.	24	13	0	9	4
	芥菜型油菜 Brassica juncea Czern. et Coss.	1	0	0	0	0
	绿豆 Vigna radiata (L.) Wilczek	37	5	5	2	0
	豌豆 Pisum sativum L.	10	3	6	2	1
	橡胶树 Hevea brasiliensis（Willd. ex A. de Juss.）Muell. Arg.	14	8	2	4	1
	茶组 Camellia L. Section Thea（L.）Dyer	162	36	37	41	4
	芝麻 Sesamum indicum L.	22	4	0	2	1

（续表　cont'd）

作物种类 Category of Crop	植物种类 Category of Plant	申请量 Applications	授权量 Grants	2017年 申请量 Applications in 2017	2018年 申请量 Applications in 2018	2018年 授权量 Grants in 2018
大田作物 申请量： 21 402 授权量：9844 Agricultural Crops Applications： 21 402 Grants：9844	木薯 Manihot esculenta Crantz	7	0	0	7	0
	甘蔗属 Saccharum L.	83	40	11	14	6
	小豆 Vigna angularis (Willd.) Ohwi et Ohashi	20	2	7	0	0
	燕麦 Avena sativa L. & Avena nuda L.	4	0	4	0	0
	烟草 Nicotiana tabacum L. & Nicotiana rustica L.	10	6	0	3	1
	向日葵 Helianthus annuus L.	124	1	34	25	1
	荞麦属 Fagopyrum Mill	11	0	0	10	0
	白菜型油菜 Brassia campestris L.	8	0	1	3	0
	薏苡属 Coix Linn.	2	0	1	0	0
	蓖麻 Ricinus Communis L.	13	0	0	8	0
	甜菊（甜叶菊） Stevia rebaudiana Bertoni.	4	0	2	1	0
	稷（糜子） Panicum miliaceum L.	0	0	0	0	0
	大麻槿（红麻） Hibiscus cannabinus L.	0	0	0	0	0
蔬菜 申请量：2373 授权量：693 Vegetables Applications： 2373 Grants：693	大白菜 Brassica campestris L. ssp. pekinensis (Lour.) Olsson	147	64	23	42	17
	马铃薯 Solanum tuberosum L.	176	69	30	25	12
	普通番茄 Lycopersicon esculentum Mill.	333	90	88	62	28
	黄瓜 Cucumis sativum L.	161	80	39	33	14
	辣椒属 Capsicum L.	380	101	86	110	22
	普通西瓜 Citrullus lanatus (Thunb.) Matsum et Nakai	265	72	71	69	15
	普通结球甘蓝 Brassica oleracea L. var. capitata （L.） Alef. var. alba DC.	99	36	13	19	2
	食用萝卜 Raphanus sativus L. var. longipinnatus Bailey & Raphanus sativus L. var. radiculus Pers.	44	11	12	15	5
	茄子 Solanum melongena L.	72	26	11	26	6

（续表 cont'd）

作物种类 Category of Crop	植物种类 Category of Plant	申请量 Applications	授权量 Grants	2017年 申请量 Applications in 2017	2018年 申请量 Applications in 2018	2018年 授权量 Grants in 2018
蔬菜 申请量：2373 授权量：693 Vegetables Applications： 2373 Grants：693	蚕豆 Viciafaba L.	25	13	3	4	3
	菜豆 Phaseolus vulgaris L.	44	7	16	10	1
	豇豆 Vigna unguiculata (L.) Walp.	22	7	7	5	0
	大葱 Allium fistulosum L.	11	1	1	7	0
	西葫芦 Cucurbita pepo L.	66	28	11	16	13
	花椰菜 Brassica oleracea L. var. botrytis L.	50	17	5	21	1
	芹菜 Apium graveolens L.	5	1	0	1	0
	胡萝卜 Daucus carota L.	3	0	2	1	0
	甜瓜 Cucumis melo L.	134	41	38	30	12
	大蒜 Allium sativum L.	9	5	2	2	0
	不结球白菜 Brassica campestris ssp. chinensis	92	13	15	44	8
	莲 Nelumbo nucifera Gaertn.	35	5	0	16	0
	芥菜 Brassica juncea(L.) Czern.et coss	17	2	4	10	2
	芥蓝 Brassica alboglabra Bailey L.	21	0	2	16	0
	莴苣 Lactuca sativa L.	19	0	13	5	0
	苦瓜 Momordica charantia L.	29	4	17	1	4
	冬瓜 Benincasa hispida Cogn.	7	0	0	5	0
	菠菜 Spinacia oleracea L.	3	0	1	0	0
	南瓜 Cucurbita moschata (Duch. ex Lam.)Duch. ex Poiret	58	0	23	21	0
	丝瓜属 Luffa Mill.	2	0	0	0	0
	青花菜 Brassica oleracea L. var. italica Plenck	26	0	4	21	0
	洋葱 Allium cepa	13	0	4	9	0

（续表 cont'd）

作物种类 Category of Crop	植物种类 Category of Plant	申请量 Applications	授权量 Grants	2017年 申请量 Applications in 2017	2018年 申请量 Applications in 2018	2018年 授权量 Grants in 2018
蔬菜 申请量：2373 授权量：693 Vegetables Applications： 2373 Grants：693	姜 Zingiber officinale Rosc.	0	0	0	0	0
	茭白（菰） Zizania latifolia (Griseb.) Stapf	0	0	0	0	0
	芦笋（石刁柏） Asparagus officinalis	0	0	0	0	0
	山药（薯蓣） Dioscorea alata L.; Dioscorea polystachya Turcz.; Dioscorea japonica Thunb.	2	0	0	2	0
	菊芋 Helianthus tuberosus (L.1753)	1	0	1	0	0
	咖啡黄葵 Abelmoschus esculentus (Linn.) Moench	2	0	1	1	0
	甜菜 Beta vulgaris L.	0	0	0	0	0
	苋属 Amaranthus L.	0	0	0	0	0
	魔芋属 Amorphophallus Bl. ex Decne.	0	0	0	0	0
	芋 Colocasia esculenta (L.) Schott	0	0	0	0	0
	荠 Capsella bursa-pastoris (L.) Medic.	0	0	0	0	0
	蕹菜（空心菜） Ipomoea aquatica Forsk.	0	0	0	0	0
	芫荽（香菜） Coriandrum sativum L.	0	0	0	0	0
	韭菜 Allium tuberosum Rottl. ex Spreng.	0	0	0	0	0
	紫苏 Perilla frutescens （L.）Britt.	0	0	0	0	0
观赏植物 申请量：1848 授权量：702 Ornamentals Applications： 1848 Grants：702	春兰 Cymbidium goeringii Rchb.f	5	0	5	0	0
	菊属 Chrysanthemum L.	505	192	105	107	10
	石竹属 Dianthus L.	158	72	21	10	1
	唐菖蒲属 Gladiolus L.	3	2	0	0	0
	兰属 Cymbidium Sw.	80	26	14	9	3
	百合属 Lilium L.	136	69	4	6	6

（续表 cont'd）

作物种类 Category of Crop	植物种类 Category of Plant	申请量 Applications	授权量 Grants	2017年 申请量 Applications in 2017	2018年 申请量 Applications in 2018	2018年 授权量 Grants in 2018
	鹤望兰属 Strelitzia Ait.	0	0	0	0	0
	补血草属 Limonium Mill.	4	3	0	0	0
	非洲菊 Gerbera jamesonii Bolus	160	95	12	18	0
	花毛茛 Ranunculus asiaticus L.	19	0	5	12	0
	华北八宝 Hylotelephium tatarinowii（Maxim.）H. Ohba	0	0	0	0	0
	雁来红 Amaranthus tricolor L.	0	0	0	0	0
	花烛属 Anthurium Schott	226	101	21	26	20
	果子蔓属 Guzmania Ruiz. & Pav.	55	38	0	1	1
	蝴蝶兰属 Phalaenopsis Bl.	314	78	61	57	12
	秋海棠属 Begonia L.	27	11	5	5	2
	凤仙花 Impatiens balsamina L.	3	0	0	1	0
观赏植物 申请量：1848 授权量：702 Ornamentals Applications： 1848 Grants：702	非洲凤仙花 Impatiens wallerana Hook. f.	0	0	0	0	0
	新几内亚凤仙花 Impatiens hawkeri Bull.	17	8	2	1	0
	万寿菊属 Tagetes L.	17	7	6	0	0
	郁金香属 Tulipa L.	0	0	0	0	0
	仙客来 Cyclamen persicum Mill.	0	0	0	0	0
	一串红 Salvia splendens Ker−Gawler	6	0	0	6	0
	三色堇 Viola tricolor L.	0	0	0	0	0
	矮牵牛（碧冬茄） Petunia hybrida (J.D.Hooker) Vilmorin	20	0	8	12	0
	马蹄莲属 Zantedeschia aethiepica (L.) Spreng.	19	0	7	12	0
	铁线莲属 Clematis L.	0	0	0	0	0
	石斛属 Dendrobium Sw.	27	0	10	12	0
	萱草属 Hemerocallis L.	47	0	14	28	0
	薰衣草属 Lavandula Linn.	0	0	0	0	0
	欧报春 Primula vulgaris	0	0	0	0	0
	水仙属 Narcissus L.	0	0	0	0	0

（续表 cont'd）

作物种类 Category of Crop	植物种类 Category of Plant	申请量 Applications	授权量 Grants	2017年 申请量 Applications in 2017	2018年 申请量 Applications in 2018	2018年 授权量 Grants in 2018
观赏植物 申请量：1848 授权量：702 Ornamentals Applications： 1848 Grants：702	石蒜属 Lycoris Herb.	0	0	0	0	0
	睡莲属 Nymphaea L.	0	0	0	0	0
	天竺葵属 Pelargonium L' Herit. ex Ait.	0	0	0	0	0
	鸢尾属 Iris L.	0	0	0	0	0
	芍药组 Paeonia Sect.Paeonia DC. Prodr.	0	0	0	0	0
	六出花属 Alstroemeria L.	0	0	0	0	0
	香雪兰属 Freesia Klatt	0	0	0	0	0
	蟹爪兰属 Zygocactus K. Schum.	0	0	0	0	0
	朱顶红属 Hippeastrum Herb.	0	0	0	0	0
	满天星 Gypsophila paniculata L.	0	0	0	0	0
	松果菊属 Echinacea Moench.	0	0	0	0	0
果树 申请量：1068 授权量：416 Fruit Crops Applications： 1068 Grants：416	梨属 Pyrus L.	126	65	26	18	15
	桃 Prunus persica（L.）Batsch.	99	57	15	20	11
	荔枝 Litchi chinensis Sonn.	7	3	1	3	0
	苹果属 Malus Mill.	159	43	15	55	10
	柑橘属 Citrus L.	111	53	14	23	9
	香蕉 Musa acuminata Colla	31	13	2	11	2
	猕猴桃属 Actinidia Lindl.	147	72	14	26	12
	葡萄属 Vitis L.	154	62	13	46	8
	李 Prunus salicina Lindl. & P. domestica L. & P.cerasifera Ehrh.	23	4	1	3	2
	草莓 Fragaria ananassa Duch.	141	32	56	19	2
	龙眼 Dimocarpus longan Lour.	0	0	0	0	0
	枇杷 Eriobotrya japonica Lindl.	11	8	2	1	8
	樱桃 Prunus avium L.	18	3	4	9	2
	芒果 Mangifera indica L.	27	0	14	12	0

（续表 cont'd）

作物种类 Category of Crop	植物种类 Category of Plant	申请量 Applications	授权量 Grants	2017年 申请量 Applications in 2017	2018年 申请量 Applications in 2018	2018年 授权量 Grants in 2018
果树 申请量：1068 授权量：416 Fruit Crops Applications： 1068 Grants：416	杨梅属 Myrica L.	3	1	3	0	1
	椰子 Cocos nucifera L.	3	0	0	3	0
	凤梨属 Ananas Mill.	6	0	1	4	0
	番木瓜 Carica papaya L.	0	0	0	0	0
	木菠萝（菠萝蜜） Artocarpus heterophyllus Lam.	0	0	0	0	0
	无花果 Ficus carica Linn.	2	0	0	1	0
	可可 Theobroma cacao L.	0	0	0	0	0
	芭蕉属 Musa L.	0	0	0	0	0
	量天尺属 Hylocereus (Berg.) Britt. et Rose	0	0	0	0	0
	西番莲属 Passiflora L.	0	0	0	0	0
	梅 Prunus mume Sieb.et Zucc	0	0	0	0	0
牧草 申请量：24 授权量：3 Pasture Grass Applications： 24 Grants：3	紫花苜蓿 Medicago sativa L.	8	1	0	1	0
	草地早熟禾 Poa pratensis L.	4	0	0	0	0
	酸模属 Rumex L.	4	0	1	0	0
	柱花草属 Stylosanthes Sw. ex Willd	4	2	1	1	1
	结缕草 Zoysia japonica Steud	4	0	0	0	0
	狗牙根属 Cynodon Rich.	0	0	0	0	0
	鸭茅 Dactylis glomerata L.	0	0	0	0	0
	红车轴草（红三叶） Trifolium pratense L.	0	0	0	0	0
	黑麦草属 Lolium L.	0	0	0	0	0
	羊茅属 Festuca L.	0	0	0	0	0
	狼尾草属 Pennisetum Rich.	0	0	0	0	0
	白车轴草（白三叶） Trifolium repens L.	0	0	0	0	0

（续表 cont'd）

作物种类 Category of Crop	植物种类 Category of Plant	申请量 Applications	授权量 Grants	2017年 申请量 Applications in 2017	2018年 申请量 Applications in 2018	2018年 授权量 Grants in 2018
菌类 申请量：44 授权量：9 Fungi Applications： 44 Grants：9	白灵侧耳 Pleurotus nebrodensis	3	1	0	0	0
	羊肚菌属 Morchella	5	5	5	0	0
	香菇 Lentinula edodes (Berk.) Peglar	14	0	6	7	0
	黑木耳 Auricularia auricula (L.ex Hook.) Underwood	4	3	0	1	3
	灵芝属 Ganoderma Karst.	5	0	2	3	0
	双孢蘑菇 Agaricus bisporus	13	0	3	10	0
	金针菇 Flammulina velutipes (E.) Singer	0	0	0	0	0
	蛹虫草 Cordyceps militaris (L. ex Fr.) Link.	0	0	0	0	0
	长根菇 Hymenopellis raphanipes (Berk.) R.H. Pertersen	0	0	0	0	0
	猴头菌 Hericium erinaceum (Bull.) Pers.	0	0	0	0	0
	毛木耳 Auricularia cornea Ehrenb.	0	0	0	0	0
	蝉花 Isaria cicadae Miquel	0	0	0	0	0
	真姬菇 Hypsizygus marmoreus (Peck) H.E. Bigelow	0	0	0	0	0
	平菇（糙皮侧耳、弗罗里达侧耳） Pleurotus ostreatus (Jacq.) P. Kumm. & Pleurotus floridanus Singer	0	0	0	0	0
	秀珍菇（肺形侧耳） Pleurotus pulmonarius (Fr.) Quél.	0	0	0	0	0
药用植物 申请量：12 授权量：4 Medicinal Plant Applications： 12 Grants：4	人参 Panax ginseng C. A. Mey.	6	3	0	1	0
	三七 Panax notoginseng(Burk) F.H. Chen	4	1	3	0	0
	枸杞属 Lycium L.	1	0	0	1	0
	天麻 Gastrodia elata Bl.	0	0	0	0	0
	灯盏花（短莛飞蓬） Erigeron breviscapus（Vant.）Hand–Mazz	0	0	0	0	0
	何首乌 Fallopia multiflora（Thunb.）Harald	0	0	0	0	0
	菘蓝 Isatis indigotica Fortune	1	0	0	1	0
	红花 Carthamus tinctorius L.	0	0	0	0	0
	淫羊藿属 Epimedium L.	0	0	0	0	0
	金银花 Lonicera japonica Thumb.	0	0	0	0	0

（续表 cont'd）

作物种类 Category of Crop	植物种类 Category of Plant	申请量 Applications	授权量 Grants	2017年 申请量 Applications in 2017	2018年 申请量 Applications in 2018	2018年 授权量 Grants in 2018
药用植物 申请量：12 授权量：4 Medicinal Plant Applications： 12 Grants：4	柴胡属 Bupleurum L.	0	0	0	0	0
	黄芪属 Astragalus L.	0	0	0	0	0
	美丽鸡血藤（牛大力） Callerya speciosa (Champ. Ex Benth.)Schot	0	0	0	0	0
	穿心莲 Andrographis paniculata (Burm. f.) Nees	0	0	0	0	0
	丹参 Salvia miltiorrhiza Bge.	0	0	0	0	0
	黄花蒿 Artemisia annua L.	0	0	0	0	0
	砂仁 Amomum villosum Lour.	0	0	0	0	0
合计 Total		26 771	11 671	3842	4854	1990

（续表 cont'd）

表2 根据单位性质划分的统计表 （单位：件）
Statistics of Classification by Character of Units （unit：piece）

单位性质 Character of Units	申请 Application	授权 Grant	2017年申请 Application in 2017	2018年申请 Application in 2018
国内企业 Domestic Enterprises	11 765	4500	1901	2355
国内科研 Domestic Research Institutes	10 183	5292	1192	1565
国内教学 Domestic Teaching Institutes	1887	868	265	365
国内个人 Domestic Individuals	1095	423	130	216
国外企业 Foreign Enterprises	1693	567	314	326
国外科研 Foreign Research Institutes	90	3	33	20
国外教学 Foreign Teaching Institutes	38	13	4	6
国外个人 Foreign Individuals	20	5	3	1
合计 Total	26 771	11 671	3842	4854

表3 根据地区划分的统计表　　　　　　（单位：件）
Statistic of Classification by Region　　　（unit：piece）

	排名 Ranking	地区 Region	申请 Application	授权 Grant	2017年申请 Application in 2017	2018年申请 Application in 2018
国内 Domestic	1	北京 Beijing	2913	1142	474	515
	2	河南 Henan	2272	875	344	490
	3	山东 Shandong	1916	850	323	315
	4	黑龙江 Heilongjiang	1704	734	262	339
	5	江苏 Jiangsu	1569	806	170	214
	6	安徽 Anhui	1502	581	240	237
	7	四川 Sichuan	1305	805	89	149
	8	湖南 Hunan	1139	499	190	246
	9	河北 Hebei	1132	497	153	215
	10	吉林 Jilin	1064	580	102	82
	11	广东 Guangdong	942	309	186	259
	12	云南 Yunnan	917	465	117	139
	13	辽宁 Liaoning	838	454	44	135
	14	浙江 Zhejiang	759	330	126	131
	15	福建 Fujian	665	262	122	138
	16	湖北 Hubei	610	265	66	148
	17	广西 Guangxi	448	209	75	104
	18	上海 Shanghai	448	224	50	65
	19	内蒙古 Inner Mongolia	368	167	47	43

（续表 cont'd）

排名 Ranking		地区 Region	申请 Application	授权 Grant	2017年申请 Application in 2017	2018年申请 Application in 2018
	20	陕西 Shaanxi	332	127	60	52
	21	天津 Tianjin	307	127	31	83
	22	甘肃 Gansu	299	90	53	104
	23	山西 Shanxi	277	120	25	61
	24	江西 Jiangxi	250	117	46	62
	25	贵州 Guizhou	249	136	28	32
国内 Domestic	26	新疆 Xinjiang	223	112	15	34
	27	重庆 Chongqing	217	106	23	36
	28	海南 Hainan	129	49	16	49
	29	台湾 Taiwan	55	5	1	10
	30	宁夏 Ningxia	51	26	10	3
	31	青海 Qinghai	19	11	0	6
	32	西藏 Tibet	11	5	0	6
		荷兰 Netherlands	572	253	74	101
		美国 U.S.A.	557	158	102	109
		日本 Japan	175	40	68	44
国外 Foreign		法国 France	137	21	50	20
		德国 Germany	99	29	31	21
		韩国 Korea	96	47	1	0
		瑞士 Switzerland	69	10	13	31

（续表 cont'd）

	地区 **Region**	申请 **Application**	授权 **Grant**	2017年申请 **Application in 2017**	2018年申请 **Application in 2018**
国外 Foreign	意大利 Italy	34	5	2	12
	以色列 Israel	24	0	6	7
	西班牙 Spain	22	9	4	0
	新西兰 New Zealand	18	6	0	0
	澳大利亚 Australia	16	4	0	1
	南非 South Africa	7	1	1	5
	比利时 Belgium	6	2	0	0
	英国 U.K.	3	1	1	0
	爱尔兰 Ireland	1	0	0	0
	希腊 Greece	1	0	0	0
	智利 Chile	1	0	0	0
	新加坡 Singapore	1	0	0	0
	捷克 Czech	1	0	1	0
	卢森堡 Luxembourg	1	0	0	1
	合计 Total	26 771	11 671	3842	4854

表4　1999~2018年国外植物新品种权申请情况统计表　（单位：件）

Statistics of Application for Foreign Plant Variety Right，1999–2018（unit：piece）

申请地区 Region	植物种类 Category of Plant	申请量 Application
荷兰（572件） Netherlands（572）	菊属 Chrysanthemum L.	140
	花烛属 Anthurium Schott	137
	蝴蝶兰属 Phalaenopsis Bl.	56
	百合属 Lilium L.	51
	马铃薯 Solanum tuberosum L.	33
	石竹属 Dianthus L.	28
	果子蔓属 Guzmania Ruiz. & Pav.	26
	辣椒属 Capsicum L.	20
	秋海棠属 Begonia L.	19
	马蹄莲属 Zantedeschia aethiopica	14
	非洲菊 Gerbera jamesoii Bolus	13
	普通番茄 Lycopersicon esculentum Mill.	8
	茄子 Solanum melongena L.	7
	萱草属 Hemerocallis L.	6
	普通结球甘蓝 Brassica oleracea L. var. capitata（L.）Alef. var. alba DC.	3
	黄瓜 Cacumis satious L.	2
	莴苣 Lactuca sativa L.	2
	洋葱 Allium cepa L.	1
	胡萝卜 Daucus carota L.	1
	柑橘属 Citrus L.	1

（续表 cont'd）

申请地区 Region	植物种类 Category of Plant	申请量 Application
荷兰（572件） Netherlands（572）	甜瓜 Cucumis melo L.	1
	苹果属 Malus Mill.	1
	普通西瓜 Citrullus Ianatus	1
	梨属 Pyrus L.	1
美国（557件） U.S.A.（557）	玉米 Zea mays L.	416
	草莓 Fragaria ananassa Duch.	51
	葡萄属 Vitis L.	39
	普通番茄 Lycopersicon esculentum Mill.	26
	辣椒属 Capsicum L.	11
	苹果属 Malus Mill.	7
	梨属 Pyrus L.	2
	柑橘属 Citrus L.	2
	秋海棠属 Begonia L.	2
	甜菊（甜叶菊） Stevia rebandiana Bertoni	1
日本（175件） Japan（175）	菊属 Chrysanthemum L.	22
	水稻 Oryza sativa L.	19
	新几内亚凤仙花 Impatiens hawkeri Bull.	17
	草莓 Fragaria ananassa Duch.	15
	苹果属 Malus Mill.	15
	兰属 Cymbidium Sw.	10
	梨属 Pyrus L.	9
	石竹属 Dianthus L.	8

（续表 cont'd）

申请地区 Region	植物种类 Category of Plant	申请量 Application
日本（175件） Japan（175）	矮牵牛（碧冬茄） Petunia hybrida Vilm	8
	香菇 Lentinula edodes (Berk.) Pegler	6
	石斛属 Dendrobium Sw.	6
	柑橘属 Citrus L.	6
	莴苣 Lactuca sativa L.	5
	花毛茛 Ranunculus asiaticus L.	5
	葡萄属 Vitis L.	5
	桃 Prunus persica（L.）Batsch.	4
	蝴蝶兰属 Phalaenopsis Blume	3
	马蹄莲属 Zan tedeschia aethiopica	2
	辣椒属 Capsicum L.	2
	大豆 Glycine max	1
	普通番茄 Lycopersicon esculentum Mill.	1
	甘薯 Ipomoea batatas (L.) Lam.	1
	洋葱 Allium cepa L.	1
	山药（薯蓣） Dioscorea alata L.; Dioscorea polystachya Turcz.; Dioscorea japonica Thunb.	1
	猕猴桃属 Actinidia Lindl.	1
	甜瓜 Cucumis melo L.	1
	樱桃 Prunus avium L.	1

（续表 cont'd）

（续表 cont'd）

申请地区 Region	植物种类 Category of Plant	申请量 Application
法国（137件） France（137）	玉米 Zea Mays L.	127
	马铃薯 Solanum tuberosum L.	5
	苹果属 Malus Mill.	2
	草莓 Fragaria ananassa Duch.	2
	高粱 Sorghum bicolor (L.) Moench	1
德国（99件） Germany（99）	玉米 Zea Mays L.	77
	菊属 Chrysanthemum L.	5
	马铃薯 Solanum tuberosum L.	5
	梨属 Pyrus L.	3
	樱桃 Prnus avium L.	3
	李 Prums salicina Lindl. & P. domestica L. & P. cerasifera Ehrh.	2
	水稻 Oryza sativa L.	2
	苹果属 Malus Mill.	1
	秋海棠属 Begonia L.	1
韩国（96件） Korea（96）	梨属 Pyrus L.	24
	菊属 Chrysanthemum L.	22
	葡萄属 Vitis L.	8
	苹果属 Malus Mill.	7
	玉米 Zea Mays L.	6
	马铃薯 Solanum tuberosum L.	5
	狝猴桃属 Actinidia Lindl.	5
	人参 Panax ginseng C. A. Mey.	4

（续表 cont'd）

申请地区 Region	植物种类 Category of Plant	申请量 Application
韩国（96件） Korea（96）	兰属 Cymbidium Sw.	4
	甘薯 Ipomoea batatas (L.) Lam.	3
	桃 Prunus persica（L.）Batsch.	2
	水稻 Oryza sativa L.	2
	草莓 Fragaria ananassa Duch.	2
	唐菖蒲属 Gladiolus L.	1
	普通结球甘蓝 Brassica oleracea L. var. capitata（L.）Alef. var. alba DC.	1
瑞士（69件） Switzerland（69）	玉米 Zea Mays L.	45
	莴苣 Lactuca sativa L.	6
	青花菜 Brassica oleracea L. var. italica Plenck	5
	普通番茄 Lycopersicon esculentum Mill.	5
	普通西瓜 Citrullus Lanatus (Thunb.) Matsum et Nakai	4
	向日葵 Helianthus annuus L.	2
	菠菜 Spinacia oleracea L.	1
	辣椒属 Capsicum L.	1
意大利（34件） Italy（34）	花毛茛 Ranunculus asiaticus L.	12
	草莓 Fragaria ananassa Duch.	10
	苹果属 Malus Mill.	4
	石竹属 Dianthus L.	3
	梨属 Pyrus L.	2
	葡萄属 Vitis L.	2
	猕猴桃属 Actinidia Lindl.	1

（续表 cont'd）

（续表 cont'd）

申请地区 Region	植物种类 Category of Plant	申请量 Application
以色列（24件） Israel（24）	蓖麻 Ricinus communis L.	9
	矮牵牛（碧冬茄） Petunia hybrida Vilm	6
	非洲菊 Gerbera jamesonii Bolus	4
	草莓 Fragaria ananassa Duch.	3
	普通番茄 Lycopersicon esculentum Mill.	2
西班牙（22件） Spain（22）	石竹属 Dianthus L.	13
	柑橘属 Citrus L.	4
	草莓 Fragaria ananassa Duch.	4
	向日葵 Helianthus annuus	1
新西兰（18件） New Zealand（18）	猕猴桃属 Actinidia Lindl.	9
	苹果属 Malus Mill.	9
澳大利亚（16件） Australia（16）	苹果属 Malus Mill.	9
	柑橘属 Citrus L.	3
	大麦属 Hordeum L.	2
	李 Prums salicina Lindl. & P. domestica L. & P. cerasifera Ehrh.	2
南非（7件） South Africa（7）	柑橘属 Citrus L.	7
比利时（6件） Belgium（6）	苹果属 Malus Mill.	4
	果子蔓属 Guzmania Ruiz. & Pav.	2
英国（3件） U.K.（3）	葡萄属 Vitis L.	1
	苹果属 Malus Mill.	1
	马铃薯 Solanum tuberosum L.	1

（续表 cont'd）

申请地区 Region	植物种类 Category of Plant	申请量 Application
爱尔兰（1件） Ireland（1）	马铃薯 Solanum tuberosum L.	1
希腊（1件） Greece（1）	猕猴桃属 Actinidia Lindl.	1
智利（1件） Chile（1）	葡萄属 Vitis L.	1
新加坡（1件） Sigapore（1）	凤梨属 Ananas Mill.	1
捷克（1件） Cezch（1）	樱桃 Prnus avium L.	1
卢森堡（1件） Luxembourg（1）	苹果属 Malus Mill.	1
合计（件） Total（piece）		1841

（本统计数据由农业农村部科技教育司提供）

VI

林业植物新品种

表1　1999~2018年林业植物新品种申请量和授权量统计表　（单位：件）
Statistics of Forestry PBR's Applications and Grants，1999–2018　（unit：piece）

年度 Year	申请 Application			授权 Grant		
	国内申请人 Domestic Applicant	国外申请人 Foreign Applicant	合计 Total	国内品种权人 Domestic Titles Holder	国外品种权人 Foreign Titles Holder	合计 Total
1999	181	1	182	6	0	6
2000	7	4	11	18	5	23
2001	8	2	10	19	0	19
2002	13	4	17	1	0	1
2003	14	35	49	7	0	7
2004	17	19	36	16	0	16
2005	41	32	73	19	22	41
2006	22	29	51	8	0	8
2007	35	26	61	33	45	78
2008	57	20	77	35	5	40
2009	62	5	67	42	13	55
2010	85	4	89	26	0	26
2011	123	16	139	11	0	11
2012	196	26	222	169	0	169
2013	169	8	177	115	43	158
2014	243	11	254	150	19	169
2015	208	65	273	164	12	176
2016	328	72	400	178	17	195
2017	516	107	623	153	7	160
2018	720	186	906	359	46	405
合计 Total	3045	672	3717	1529	234	1763

表2　1999~2018年林业授权品种中不同植物类别授权量统计表（单位：件）

Statistics of Grants Classification by Different Plant Species in Forestry
PBR's Grants，1999-2018　　　（unit：piece）

年份 Year	林木 Forest	经济林 Economic Forest	观赏植物 Woody Ornamental	竹 Bamboo	木质藤本 Woody Rattan	其他 Others	合计 Total
1999	6	0	0	0	0	0	6
2000	3	0	20	0	0	0	23
2001	2	2	14	0	0	1	19
2002	0	1	0	0	0	0	1
2003	6	1	0	0	0	0	7
2004	6	4	5	0	0	1	16
2005	3	1	34	0	0	3	41
2006	5	0	3	0	0	0	8
2007	7	1	70	0	0	0	78
2008	10	6	19	1	0	4	40
2009	14	1	39	0	0	1	55
2010	10	6	10	0	0	0	26
2011	2	1	5	0	0	3	11
2012	27	20	113	0	2	7	169
2013	34	9	114	1	0	0	158
2014	24	13	121	1	0	10	169
2015	31	28	106	1	2	8	176
2016	44	40	104	2	3	2	195
2017	18	17	120	1	1	3	160
2018	62	99	238	2	3	1	405
合计 Total	314	250	1135	9	11	44	1763

表3 1999~2018年林业授权品种中不同申请国家的授权量统计表 （单位：件）

Statistics of Grants Classification by Nationality of Applicants in
Forestry PBR's Grants，1999–2018 （unit：piece）

排名 Ranking	国家 Country	授权总量 Total Grants	2018年授权量 Grant in 2018	主要属种 The Main Species
1	中国 China	1529	359	蔷薇属、杨属、山茶属、杜鹃花属 Rosa，Populus，Camelia，Rhododendron
2	荷兰 Netherlands	64	18	蔷薇属 Rosa
3	德国 Germany	57	0	蔷薇属、大戟属 Rosa，Euphorbia L.
4	法国 France	31	1	蔷薇属 Rosa
5	美国 U.S.A.	31	16	大戟属、悬钩子属、越桔属 Euphorbia L.，Rubus L.，Vaccinium L.
6	英国 U.K.	30	4	蔷薇属 Rosa
7	丹麦 Denmark	8	6	蔷薇属 Rosa
8	比利时 Belgium	6	0	杜鹃花属 Rhododendron
9	意大利 Italy	4	0	蔷薇属 Rosa
10	日本 Japan	2	1	绣球属、铁线莲属 Hydrangea L.，Clematis L.
11	新西兰 New Zealand	1	0	蔷薇属 Rosa
	合计 Total	1763	405	

表4 1999~2018年各国授权品种的属（种）授权量统计表 （单位：件）

Statistics of Grants Classification by Nationality of Titles Holder，1999–2018（unit：piece）

属（种） Species	授权总量 Total Grants											
	中国 China	荷兰 Netherlands	德国 Germany	法国 France	美国 U.S.A.	英国 U.K.	丹麦 Denmark	比利时 Belgium	意大利 Italy	日本 Japan	新西兰 New Zealand	合计 Total
蔷薇属 Rosa	163	59	42	31	0	27	8	0	4	0	1	335
杨属 Populus	134	0	0	0	0	0	0	0	0	0	0	134
山茶属 Camelia	96	0	0	0	0	0	0	0	0	0	0	96
杜鹃花属 Rhododendron	79	0	0	0	0	0	6	0	0	0	0	85
芍药属 Paeonia L.	63	0	0	0	0	0	0	0	0	0	0	63
核桃属 Juglance	46	0	0	0	0	0	0	0	0	0	0	46
槭属 Acer L.	40	0	0	0	4	0	0	0	0	0	0	44
含笑属 Michelia L.	40	0	0	0	0	0	0	0	0	0	0	40
柳属 Salix	38	0	0	0	0	0	0	0	0	0	0	38
牡丹 Paeonia Suffruticosa	33	0	0	0	0	0	0	0	0	0	0	33
紫薇 Lagerstroemia indica	32	0	0	0	0	0	0	0	0	0	0	32
木兰属 Magnolia	29	0	0	0	0	0	0	0	0	0	0	29
杏 Prunus armeniaca	26	0	0	0	2	0	0	0	0	0	0	28
大戟属 Euphorbia L.	3	0	15	0	7	0	0	0	0	0	0	25
银杏 Ginkgo biloba	24	0	0	0	0	0	0	0	0	0	0	24
木瓜属 Chaenomeles Lindl.	22	0	0	0	0	0	0	0	0	0	0	22
槐属 Sophora L.	21	0	0	0	0	0	0	0	0	0	0	21
文冠果 Xanthoceras sorbifolium Bunge	21	0	0	0	0	0	0	0	0	0	0	21
其他 Others	619	5	0	0	18	3	0	0	0	2	0	647
合计 Total	1529	64	57	31	31	30	8	6	4	2	1	1763

表5 1999~2018年林业授权品种中不同植物类别品种权人的授权量统计表（单位：件）

Statistics of Grants Classification by Kind of Plant Titles Holder in Forestry PBR's Grants, 1999–2018 （unit：piece）

品种权人 Titles Holder 植物类别 Category of Plants	企业 Enterprises	科研院所 Research Institute	高等院校 College	个人 Individual	植物园 Botanical Garden	其他 Others	合计 Total
观赏植物 Ornamental Plant	512	193	184	129	73	44	1135
林木 Forest	44	168	80	17	1	4	314
经济林 Economic Forest	39	146	47	14	0	4	250
木质藤本 Woody Rattan	4	3	3	0	0	1	11
竹 Bamboo	0	8	1	0	0	0	9
其他 Others	19	16	5	3	0	1	44
合计 Total	618	534	320	163	74	54	1763

（本统计数据由国家林业和草原局科技发展中心提供）

Ⅵ

VII

海关知识产权保护

表1 2018年海关扣留货物的进出口流向统计表
Statistics of Seized Goods Imported and Exported in 2018

进出口类型 **Imported or Exported**	批次 **Shipment**	占比 **Percent**	商品数量（件/双） **Quantity（piece/pair）**	占比 **Percent**
合计 Total	47 222		24 800 277	
进口 Import	213	0.45%	147 101	0.59%
出口 Export	47 009	99.55%	24 653 176	99.41%

表2 2018年海关知识产权执法模式统计表
Statistics of Types of Enforcement Actions in 2018

执法模式 **Types of Enforcement**	批次 **Shipment**	占比 **Percent**	商品数量（件/双） **Quantity** （**piece/pair**）	占比 **Percent**
依职权扣留 by Authority	47 169	99.89%	20 086 556	80.99%
依申请扣留 by Application	53	0.11%	4 713 721	19.01%

Ⅶ

表3　2018年海关扣留货物的商品类别统计表
Statistics of Categories of Infringing Goods Seized in 2018

商品类别 Type	商品数量（件/双） Quantity（piece/pair）	占比 Percent
服装 Apparel	509 458	2.05%
鞋类 Footwear	2 118 753	8.54%
帽类 Headwear	233 259	0.94%
箱包及皮革制品 Bag & Leatherware	271 170	1.09%
化妆、个人护理用品 Cosmetic	1 719 016	6.93%
其他轻工产品 Light Industry Products	7 322 362	29.53%
汽车、摩托车 Automobile	281 832	1.14%
手表 Watch	235 422	0.95%
玩具游戏 Toys & Games	154 492	0.62%
通信设备 Communication Apparatus	193 652	0.78%
存储介质 Storage Medium	1 732 926	6.99%
其他机电产品 Other Machinery and Electronic Products	857 709	3.46%
五金机械 Hardware	862 229	3.48%
珠宝首饰 Jewelry	46 039	0.19%
运动器具 Sports Equipments	117 718	0.47%
医疗器械 Medicine and Medical Appliance	10	0.00%
药品 Pharmaceuticals	9028	0.04%
食品饮料 Food & Beverages	360 800	1.45%
烟草 Cigarettes	43 344	0.17%
其他 Others	7 731 058	31.17%

表4 2018年海关保护的知识产权权利人来源情况统计表
Statistics of Country（Region）of Intellectual Property Rights
Holders Protected in 2018

国别（地区） Country（Region）	权利数 Number of Rights	商品数量（件/双） Quantity（piece/pair）
美国 U.S.A.	1193	4 487 026
法国 France	975	1 446 321
德国 Germany	827	2 065 976
荷兰 Netherlands	745	1 175 019
意大利 Italy	615	927 861
瑞士 Switzerland	374	642 868
日本 Japan	345	1 784 386
中国 China	315	9 122 520
英国 U.K.	247	262 385
韩国 Korea	168	1 350 293
卢森堡 Luxembourg	108	106 100
瑞典 Sweden	60	108 140
新加坡 Singapore	41	145 977
挪威 Norway	29	3313
丹麦 Denmark	26	19 564
加拿大 Canada	16	136 187
中国香港地区 Hong Kong，China	16	190 300
巴西 Brazil	14	202 024

（续表 cont'd）

国别（地区） Country（Region）	权利数 Number of Rights	商品数量（件/双） Quantity（piece/pair）
中国台湾地区 Taiwan，China	13	48 413
奥地利 Austria	10	86 148
芬兰 Finland	7	16 560
英属维尔京群岛 British Virgin Islands	5	5192
开曼群岛 Cayman Islands	4	154
印度 India	4	13 020
爱尔兰 Ireland	3	29 232
列支敦士登 Liechtenstein	3	395
土耳其 Turkey	3	2468
阿联酋 United Arab Emirates	2	1658
巴巴多斯 Barbados	2	849
萨摩亚 Samoa	2	492
文莱 Brunei	2	7763
西班牙 Spain	2	7860
印度尼西亚 Indonesia	2	323 400
澳大利亚 Australia	1	12 000
比利时 Belgium	1	5000
古巴 Cuba	1	4415
捷克 Czech	1	200
库拉索 Curacao	1	5088

（续表 cont'd）

（续表 cont'd）

国别（地区） Country（Region）	权利数 Number of Rights	商品数量（件/双） Quantity（piece/pair）
蒙古 Mongolia	1	120
墨西哥 Mexico	1	50 400
新西兰 New Zealand	1	600
以色列 Israel	1	400
中国澳门 Macao，China	1	2054
阿尔巴尼亚 Albania	1	120

（本统计数据由海关总署综合业务司提供）

VII

VIII

知识产权司法保护

表1 2018年全国法院受理和审结各类知识产权案件统计表
Statistics of Intellectual Property Cases Accepted and Concluded
by the People's Courts Nationwide in 2018

项目 Item	2018年 Year 2018
一、全国地方法院刑事案件 Criminal Cases Nationwide	
新收侵犯知识产权罪一审案件（件） Instance Cases Accepted（piece）	4319
同比增长（%） Year-on-year Growth	19.28
审结侵犯知识产权罪一审案件（件） Instance Cases Concluded（piece）	4064
同比增长（%） Year-on-year Growth	11.59
假冒注册商标罪 Criminal Cases Counterfeiting Registered Trademarks（piece）	1852
销售假冒注册商标的商品罪 Criminal Cases of Selling Counterfeit Trademark Goods（piece）	1724
非法制造、销售非法制造的注册商标标识罪 Criminal Cases of Illegal Manufacturing, Selling of Illegal Manufacture of Registered Trademarks（piece）	305
假冒专利罪 Criminal Cases Counterfeiting Patents（piece）	2
侵犯著作权罪 Criminal Cases Infringing Copyrights（piece）	136
销售侵权复制品罪 Criminal Cases of Selling Infringing Copies（piece）	6
侵犯商业秘密罪 Criminal Case Violating Trade Secrets（piece）	39
审结生产、销售伪劣商品犯罪（涉及侵犯知识产权）（件） Crimes of Manufacturing and Distribution of Goods with Inferior Quality Concluded （Infringing Intellectual Property Rights）（piece）	1434
新收涉知识产权刑事二审案件（件） Second Instance Cases Accepted （Infringing Intellectual Property Right）（piece）	683
审结涉知识产权刑事二审案件（件） Second Instance Cases Concluded（Infringing Intellectual Property Rights）（piece）	668

（续表 cont'd）

项目 Item	2018年 Year 2018
二、全国地方法院行政案件 Administrative Cases Nationwide	
新收一审案件（件） First Instance Cases Accepted（piece）	13 545
同比增长（%） Year–on–year Growth	53.57
新收专利案件（件） Patent Cases Accepted（piece）	1536
新收商标案件（件） Trademark Cases Accepted（piece）	11 992
新收著作权案件（件） Copyright Cases Accepted（piece）	17
审结一审案件（件） First Instance Cases Concluded（piece）	9786
同比增长（%） Year–on–year Growth	53.15
新收二审案件（件） Second Instance Cases Accepted（piece）	3565
审结二审案件（件） Second Instance Cases Concluded（piece）	3217
三、全国地方法院民事案件 Civil Cases Nationwide	
新收一审案件（件） First Instance Cases Accepted（piece）	283 414
同比增长（%） Year–on–year Growth（%）	40.97
专利案件（件） Patent Cases Accepted（piece）	21 699
同比增长（%） Year–on–year Growth（%）	35.53
商标案件（件） Trademark Cases Accepted（piece）	51 998
同比增长（%） Year–on–year Growth（%）	37.03
著作权案件（件） Copyright Cases Accepted（piece）	195 408
同比增长（%） Year–on–year Growth（%）	42.36

（续表 cont'd）

项目 Item	2018年 Year 2018
技术合同案件（件） Technology Contract Cases Accepted（piece）	2680
同比增长（%） Year-on-year Growth（%）	27.74
竞争案件（件） Unfair Competition Cases Accepted（piece）	4146
同比增长（%） Year-on-year Growth（%）	63.04
其中垄断民事一审案件 First Instance Antimonopoly Civil Case	66
其他知识产权案件（件） Other Intellectual Property Cases（piece）	7483
同比增长（%） Year-on-year Growth（%）	44.60
审结一审案件（件） First Instance Cases Concluded（piece）	273 945
同比增长（%） Year-on-year Growth（%）	41.99
新收二审案件（件） Second Instance Cases Accepted（piece）	27 621
审结二审案件（件） Second Instance Cases Concluded（piece）	26 288
四、最高人民法院知识产权审判庭案件 Cases of the Supreme Court	
新收知识产权民事案件（件） Civil Cases Accepted（piece）	913
审结知识产权民事案件（件） Civil Cases Concluded（piece）	859
新收知识产权行政案件（件） Administrative Cases Accepted（piece）	642
审结知识产权行政案件（件） Administrative Cases Concluded（piece）	581

（本统计数据由最高人民法院知识产权审判庭提供）

表2 2018年全国检察机关办理侵犯知识产权案件情况统计表
Statistics of Infringement of Intellectual Property Cases by the People's Procuratorate Nationwide in 2018

罪名 Crime	批捕（件） Cases Approved the Arrest（piece）	批捕（人） People Approved the Arrest（people）	起诉（件） Cases Prosecuted（piece）	起诉（人） People Prosecuted（people）
侵犯知识产权罪 Infringement of Intellectual Property Cases	3306	5627	4458	8325
假冒注册商标罪 Criminal Cases Counterfeiting Registered Trademarks	1407	2646	1977	3770
销售假冒注册商标的商品罪 Criminal Cases of Selling Counterfeit Trademark Goods	1424	2140	1835	3259
非法制造、销售非法制造的注册商标标识罪 Criminal Cases of Illegal Manufacturing, Selling of Illegal Manufacture of Registered Trademarks	269	480	324	712
假冒专利罪 Criminal Cases Counterfeiting Patents	1	1	3	4
侵犯著作权罪 Criminal Cases Infringing Copyrights	102	167	140	292
销售侵权复制品罪 Criminal Cases of Selling Infringing Copies	5	7	5	12
侵犯商业秘密罪 Criminal Case Violating Trade Secrets	28	53	27	56
其他 Others	70	133	147	220

说明："其他"是指数罪或他罪中涉及侵犯知识产权罪的情形。

表3 2018年全国检察机关监督立案侵犯知识产权案件情况统计表
Statistics of Infringement of Intellectual Property Cases Filed under the Supervision
by the People's Procuratorate Nationwide in 2018

罪名 Crime	监督立案（件） Filed under the Supervision（piece）	监督立案（人） Filed under the Supervision（people）
侵犯知识产权罪 Infringement of Intellectual Property Cases	189	237
假冒注册商标罪 Criminal Cases Counterfeiting Registered Trademarks	51	58
销售假冒注册商标的商品罪 Criminal Cases of Selling Counterfeit Trademark Goods	108	135
非法制造、销售非法制造的注册商标标识罪 Criminal Cases of Illegal Manufacturing, Selling of Illegal Manufacture of Registered Trademarks	27	41
假冒专利罪 Criminal Cases Counterfeiting Patents	0	0
侵犯著作权罪 Criminal Cases Infringing Copyrights	3	3
销售侵权复制品罪 Criminal Cases of Selling Infringing Copies	0	0
侵犯商业秘密罪 Criminal Case Violating Trade Secrets	0	0

（本统计数据由最高人民检察院侦查监督厅提供）